ADAC

Ungarn

von Daniel Hirsch und Lisa Erzsa Weil

10 ADAC Top Tipps

Das müssen Sie gesehen haben! Die zehn Top Tipps bringen Sie zu den absoluten Highlights.

25 ADAC Empfehlungen

Unterwegs gut beraten: Diese 25 ausgesuchten Empfehlungen machen Ihren Urlaub perfekt.

Preise für ein DZ mit Frühstück:
€ | bis 20 000 HUF (60 €)
€€ | bis 44 000 HUF (130 €)
€€€ | ab 44 000 HUF (130 €)

Preise für ein Hauptgericht:
€ | bis 3300 HUF (10 €)
€€ | bis 5000 HUF (15 €)
€€€ | ab 5000 HUF (15 €)

Intro

ADAC Quickfinder

Hier finden Sie die Orte, Sehenswürdigkeiten und Attraktionen, die perfekt zu Ihnen passen.

Unterwegs

Service

Alle wichtigen reisepraktischen Informationen – von der Anreise über Notrufnummern bis hin zu den Zollbestimmungen.

Umschlag:

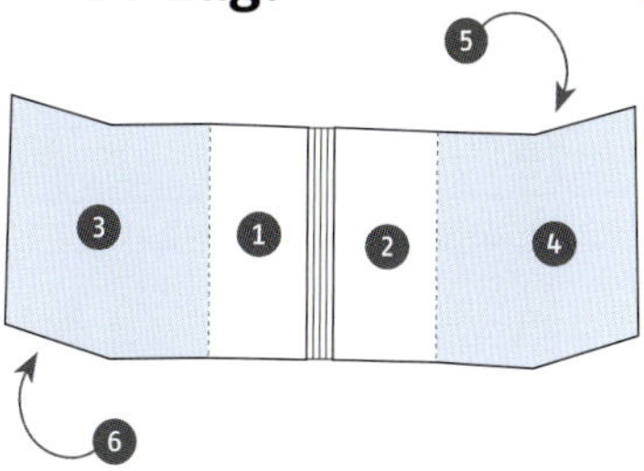

ADAC Top Tipps: Vordere Umschlagklappe, innen 1
ADAC Empfehlungen: Hintere Umschlagklappe, innen 2

Übersichtskarte Ungarn West: Vordere Umschlagklappe, innen 3
Übersichtskarte Ungarn Ost: Hintere Umschlagklappe, innen 4
Stadtplan Budapest: Hintere Umschlagklappe, außen 5
Ein Tag in Budapest: Vordere Umschlagklappe, außen 6

Plattensee, Puszta, Paprika und so viel mehr

Willkommen in der Mitte Europas, wo ein leidenschaftliches Volk auf einem vielseitig schönen Fleckchen Erde lebt

Der Hauptplatz der Stadt Pécs verströmt einen Hauch von Mittelmeer

Sie haben bestimmt schon dieses oder jenes über Ungarn gehört. Vielleicht haben Sie den Film »Ich denke oft an Piroschka« gesehen, mal ein Gulasch-Rezept ausprobiert oder in den tagesaktuellen Medien über die politische Situation im Land gelesen. Vielleicht waren Sie sogar schon einmal am Plattensee oder in der Hauptstadt Budapest zu Besuch? Eines ist sicher: Obwohl Ungarn nur knapp ein Viertel der Fläche Deutschlands umfasst, ist es ein Land voller abwechslungsreicher Landschaften und Sehenswürdigkeiten, historischer, kultureller und gastronomischer Schätze und stolzer Menschen.

Über 1000 Jahre Geschichte: Stehaufmännchen Ungarn

Schon seit Tausenden von Jahren siedeln Menschen in Ungarn. Ursprünglich stammt das Volk der Magyaren vermutlich aus den Tiefen des Urals, doch seine genaue Herkunft ist bis heute nicht gänzlich geklärt. Die offizielle Landnahme geschah Ende des 9. Jh. Nur drei Generationen später wird Stephan I. Herrscher über das Königreich Ungarn. Dieses Ereignis aus dem Jahre 1000 wird bis heute am

20. August, einem Nationalfeiertag, landesweit mit großem Feuerwerk, Konzerten und feuchtfröhlichen Feiern begangen. Doch wie die Geschichte so spielt, lief nicht immer alles prächtig in Ungarn. In der Nationalhymne heißt es: »Dies Volk hat schon für Vergangenheit und Zukunft genug gebüßt« – und da ist etwas dran. Ungarn war lange Zeit kein freies Land, erlebte Fremdherrschaften (ab 1541 regierten die Osmanen, ab 1697 die Habsburger), grausame Kriege (Erster und Zweiter Weltkrieg) und diktatorische Staatsformen (unter Reichsverweser Miklós Horthy 1920–44 und in der sozialistischen Ära Kádár 1957–89). Doch diese Ereignisse haben auch dazu beigetragen, das Land zu dem zu formen, was es heute ist.

Vielfältige Schätze warten darauf, entdeckt zu werden

Heute ist Ungarn unabhängig und frei von Fremdherrschaft, auch wenn die Demokratie an vielen Stellen bröckelt.

Die Große Markthalle in Budapest ist der schönste Markt der Hauptstadt (unten) – Zugvögel wie der Löffler rasten gern an ungarischen Seen (ganz unten)

Das Holländische Haus im Schlosspark von Dég (oben) – Volkstanz vor der Stephansbasilika in Budapest (Mitte) – Stephanskrone in der Halle unter der Kuppel im ungarischen Parlament (unten)

Der rechtskonservative Regierungsstil unter Premier Viktor Orbán, der seit 2010 mit seiner Partei Fidesz in Koalition mit der christlich-konservativen KDNP an der Macht ist, hat viele Spuren hinterlassen und auch den Ruf des Landes beeinflusst. Das Leben für viele Ungarn ist nicht leicht: Finanziell erreichen ungarische Haushalte im Schnitt nur 62% des EU-Durchschnitts.

Dennoch: Der ungarische Tourismus blüht. Das beliebteste Reiseziel ist das einzigartige Budapest, danach folgt Hévíz mit seinem ausgedehnten Thermalsee, und auch die gepflegten Plattensee-Städte Balatonfüred und Siófok gehören zu den populären Touristenzielen. Wer mehr Ruhe sucht, kann sich in Ungarns Nationalparks umschauen, z.B. im märchenhaft grünen Őrség-Nationalpark im Westen oder den Steppen der Hortobágy-Puszta im Osten. Freunden frischer Bergluft steht im Norden das Bükk-Gebirge mit den traumhaften Ausflugszielen Lillafüred und Szilvásvárad oder das Pilis-Gebirge am Donauknie zur Verfügung. Kunst, Kultur und Geschichte lassen sich überall in Ungarn entdecken, etwa in Pécs, das 2010 verdientermaßen Kulturhauptstadt Europas war, oder im bunten Szentendre nördlich von Budapest. Ganze acht ungarische Orte stehen auf der Liste des UNESCO-Welterbes – hätten Sie gedacht, dass einer von diesen, Hollókő, ein knapp 300-Seelen-Dorf ist? Hier werden bis heute die Traditionen der Palóczen-Volksgruppe gelebt.

Land der Genießer – genießen Sie mit!

Die Ungarn sind ein legendär leidenschaftliches Volk – eine Eigenschaft, die sich auch in der Kulinarik bemerkbar macht. Man liebt es einfach zu schlemmen! Entsprechend ist die ungarische Gastronomie von sättigenden, mit Paprika verfeinerten Eintöpfen über sahnige Kuchen bis hin zu würzigem Pálinka und vollmundigem Wein fast immer etwas für den großen Hunger ... und Durst!

> ***In dir erheben sich wallende Hügel, in dir erzittern Sternbilder.***
>
> *Attila József (1905–37) in seinem Gedicht »Ode«*

Apropos Wein, wenn Sie den edlen Traubensaft schätzen, haben Sie in Ungarn die Qual der Wahl. Zu den größten Weinregionen des Landes zählen Tokaj im Nordosten, das für seinen Dessertwein bekannt ist, und Villány im Süden, wo bereits die Römer Weinanbau betrieben. Die Römer und später die Osmanen hatten auch viel für die naturgegebenen Bäder übrig und entspannten in den Thermalquellen des Landes – und das sollten Sie bei Ihrem Besuch auch! Im Nordosten lockt das Höhlenbad Miskolctapolca

Entspannen im Thermalwasser – das Széchenyi-Bad in Budapest macht's möglich

mit angenehmen 30 Grad Wassertemperatur, im südlichen Szeged das im Neorenaissance-Stil erbaute Anna-Bad.

Ein Völkchen der Erfinder und Kreativen

So gern die Ungarn es sich gutgehen lassen, so fleißig waren sie im Laufe der Geschichte auch. Sowohl der Kugelschreiber als auch der Zauberwürfel »Rubik-kocka« sind ungarische Erfindungen, und Vitamin C wurde von dem Ungarn Albert Szent-Györgyi entdeckt. Der Erfindergeist steckt bis heute in den Ungarn: So haben in den vergangenen Jahren erfolgreiche Start-ups auch außerhalb der Landesgrenzen Aufsehen erregt. Dazu zählt etwa das Softwareprogramm Prezi, ein Präsentationstool, das es bis ins US-amerikanische Silicon Valley geschafft hat. Spannend ist auch das von vier jungen Frauen gegründete ReHydrant Project, das es möglich macht, mithilfe einer angeschraubten, blauen Verlängerung landesweit direkt von Hydranten zu trinken. Der Ideenreichtum spiegelt sich auch in der Architektur wider. Eines der erhabensten Beispiele hierfür ist der ungarische Jugendstil mit seinen charakteristischen Folkloremotiven und verträumten Wellenlinien, den Sie u. a. in Kecskemét in der Tiefebene, in Budapest oder in Debrecen im Osten Ungarns bestaunen können.

Geheimnisse hinter der Fassade

Doch den Reiz des Landes macht auch all das aus, was unter der Oberfläche liegt. Kein Zweifel, Ungarns berühmteste Sehenswürdigkeiten wie das Budapester Parlament, das Esterházy-

Ein echtes Idyll am Plattensee: die Tihany-Halbinsel mit der weißen Benediktinerabtei

Schloss in Fertőd oder die traumhafte Tihany-Halbinsel am Plattensee lohnen auf alle Fälle einen Besuch. Vergessen Sie jedoch nicht, auch einmal innezuhalten und Szenen aus dem ungarischen Alltag zu beobachten: Herren, die sich zum Schachspielen im Park treffen, Studierende, die in der Kneipe über Gott, die Welt und die ungarische Politik diskutieren, Familien, die sich nach dem sonntäglichen Ausflug einen mächtigen »Lángos« (frittierten Teigfladen) gönnen. Sehen Sie an Gebäuden hoch, um besondere Details zu entdecken. Und trauen Sie sich, Seitenstraßen zu erkunden, wo vielleicht ein netter kleiner Laden auf Kundschaft wartet. Ungarn ist ein komplexes Land – lassen Sie sich darauf ein, und Sie werden mit Sicherheit auch nach Ihrer Abreise davon schwärmen.

Hauptstadt *Budapest (1,79 Mio. Einw.)*

Sprache *Ungarisch; weitere gesprochene Sprachen: Deutsch, Romani, Rumänisch, Slowakisch, Kroatisch*

Währung *Forint*

Fläche *93 036 km² (etwa doppelt so groß wie Niedersachsen)*

Einwohner *9,77 Mio.*

Verwaltung *Ungarn ist in 19 Komitate (Gespanschaften) und die Hauptstadt Budapest eingeteilt.*

Tourismus *Rund 15 Mio. Besucher pro Jahr, Tendenz steigend*

Religion *Katholiken 39 %, Protestanten 14 %, Atheisten 18 %, ohne Angabe 27 %*

Wichtigste Vokabel *»Köszönöm!« (Danke) – Ungarn bedanken sich oft.*

Berühmte Ungarn *Ferenc Puskás, József Pulitzer, Zsa Zsa Gábor*

Darin sind die Ungarn Weltmeister *Wasserball*

Das lieben alle Ungarn *Heilbaden – das Land besitzt 156 Thermal- und Heilbäder.*

Wichtigste Zahl *96 – 896 kamen die Ungarn ins Karpatenbecken; 1896 startete in Budapest die erste Metrolinie Kontinentaleuropas; 96 m hoch sind Parlament und St.-Stephans-Basilika.*

Das will ich erleben

Ungarn ist ein so vielfältiges Reiseziel, dass Freunde von Architektur, Natur, Kultur, Geschichte und Wein voll auf ihre Kosten kommen – und auch Kinder werden sich nicht langweilen. Schwelgen Sie auf den Burgen in alten Zeiten, genießen Sie die Naturschätze oder einen guten Wein aus lokalem Anbau. Daneben ist auch die große Auswahl an Thermalbädern und Kaffeehäusern reizvoll. Und besuchen Sie unbedingt einen Markt, um einen authentischen Eindruck vom ungarischen Lebensgefühl zu bekommen.

42

Imposante Burgen und Schlösser

Ungarns Burgen und Schlösser sind Zeitzeugen der reichen und bewegten Geschichte des Landes. Dank umfassender staatlicher Renovierungsprogramme lassen sich Prachtexemplare im ganzen Land bewundern und der Duft vergangener Zeiten schnuppern.

15

Vielseitige Naturlandschaften

Auch abseits des berühmten Steppengebiets der Puszta bei Hortóbágy gibt es schöne Naturlandschaften, die zur Erkundung einladen. Westungarn lockt mit dem Őrség-Nationalpark und dem Káli-Becken, während im Norden das Mátra-Gebirge besondere Naturschätze bereithält.

Spaß mit der ganzen Familie

Wer in Ungarn mit Kindern unterwegs ist, darf sich auf vielfältige Angebote freuen: Spielhäuser und -plätze, Zoos, Wälder sowie Badeseen, und auch manche Burg hat spezielle Aktivitäten für die jüngsten Besucher im Programm.

Highlights für Kulturinteressierte

Ungarns Künstler haben die Welt beeinflusst, und überaus vielfältig ist auch das Angebot im ungarischen Kulturbereich – und bunt dazu: Von Ausstellungen über Festivals bis hin zur Möglichkeit, selbst künstlerisch aktiv zu werden, bieten sich im ganzen Land viele Optionen.

Prächtige Gotteshäuser

Gleich zwei europaweit bedeutende Gotteshäuser stehen in Budapest, noch dazu in Spaziernähe voneinander. Und auch außerhalb der Hauptstadt begeistern imposante Sakralbauten mit ihrer Architektur selbst Atheisten.

Erholsame Heilbäder

Ungarn bedeutet Wellness, denn aus über 1000 heißen Quellen sprudelt der wichtigste Bodenschatz des Landes: Thermalwasser. Schöne Überbleibsel aus der Zeit des Römischen Reiches und der Osmanen in Ungarn sind daher die Thermalbäder und eine entsprechende Badekultur.

Die schönsten Kaffeehäuser

Die teils prunkvollen Kaffeehäuser Ungarns waren schon im 19. Jh. Anziehungspunkt für Besucher, vor allem für Künstler und Journalisten. Noch heute kann man sich bei einer Tasse Kaffee oder einem leckeren Stück Kuchen in schönstem Jugendstil-Ambiente verwöhnen lassen.

Authentische Einkaufserlebnisse

Über den Marktbesuch das Land kennenlernen: Das Angebot an Lebensmitteln vermittelt Wissen über Ungarn und seine Küche. Aber auch sonst sind viele der authentischen Märkte einen Besuch wert, allein schon wegen der wunderbaren Fotomotive.

Abwechslungsreiche Weinregionen

Schon seit der Römerzeit wird in Ungarn Wein hergestellt, dementsprechend haben sich Anbaugebiete mit langen Traditionen herausgebildet. Die dortigen Weinfeste sind die Highlights des jährlichen Veranstaltungskalenders, doch auch abseits der Feste können Sie Wein verkosten.

Typische Architektur

Die Jugendstilpaläste in den urbanen Zentren sind nur eine Facette der ungarischen Baukunst. Ebenso charakteristisch sind die rustikalen Wohnhäuser auf dem Land.

Herrliche Badestrände

Obwohl Ungarn nicht am Meer liegt, kommen Bade- und Wassersportfreunde voll auf ihre Kosten, etwa am »Ungarischen Meer«, dem Plattensee, der seit Jahrzehnten deutsche Urlauber anzieht. Es gibt aber auch kleinere Seen oder auch Flüsse, die zum Baden und Abkühlen einladen.

Unterwegs

Das Burgviertel von Budapest war im Mittelalter das Zentrum der Stadt Buda. Ein Reiterstandbild auf dem Dreifaltigkeitsplatz erinnert an den ersten ungarischen König, den heiligen Stephan.

Westungarn

Reiche Natur um den Neusiedler See und im Őrség-Nationalpark, Historie und Kultur in Städten wie Győr und Szombathely

Aus Richtung Westen kommend, ist diese Region das Erste, was man von Ungarn sieht – und das ist eine tolle Mischung. Der Westen bietet den ungarischen Teil des Neusiedler Sees, eine reiche Tier- und Pflanzenwelt im Azaleen-Tal nahe Zalaegerszeg sowie die schönen Täler im Őrség-Nationalpark, während das naturnahe Kőszeg an eine romantische Waldlandschaft grenzt. Auch historisch Interessierte kommen auf ihre Kosten: Städte wie Győr, Mosonmagyaróvár und Szombathely waren bereits zur Römerzeit besiedelt, die Burg Sümeg stammt aus dem 13. Jh., in Sopron fanden in der Reformationszeit Krönungen und Reichstage statt, und die Gedenkstätte Paneuropäisches Picknick erinnert an die Ereignisse im August 1989, die der deutschen Wiedervereinigung den Weg ebneten. Auch Kulturliebhaber kommen nicht zu kurz: So locken das Schloss Esterházy in Fertőd, das Felsentheater in Fertőrákos, das Römer-Museum in Szombathely und die Abtei in Zirc viele Besucher an.

In diesem Kapitel:

ADAC Top Tipps:

ADAC Empfehlungen:

Bischofsburg Győr
| Aussichtspunkt |

Die Burg zeigt nicht nur Spuren römischer und gotischer Baukunst, sondern bietet auch eine fantastische Aussicht auf die Stadt. 20

Kloster Zirc
| Abtei |

Prächtige, 1182 gegründete Zisterzienserabtei mit eigener Bierbrauerei in malerischer Lage zwischen Bergen und Wäldern. 31

1 Mosonmagyaróvár

Habsburger-Burg und -Gruft, Oldtimer-Rallye und Kanutouren

Information

■ Tourinform, Magyar utca 9., 9200 Mosonmagyaróvár, Tel. 96/20 63 04, www.szigetkozportal.hu

Mosonmagyaróvár entstand in seiner heutigen Form erst 1939 aus der Zusammenlegung der Städte Moson (deutsch: Wieselburg) und Magyaróvár. Nach der Zerstörung in der Zeit der Türkenkriege erfolgte eine verstärkte Magyarisierung, sodass die beiden Städte gegen Ende des 19. Jh. ihre frühere deutsche Bevölkerungsmehrheit verloren. Durch die Stadt mit ihren ehrwürdigen Bauten fließt die Lajta, ein südlicher Nebenfluss der Donau, was ihr ein besonderes Flair verleiht. Das Gewässer kann auch sportlich per Kanu erkundet werden.

Sehenswert

Mosonmagyaróvári vár

| Burg |

Bereits die Römer hatten hier ein Kastell als Teil des Pannonischen Limes errichtet. Nach Tatareneinfall und Türkenkriegen verstärkten die Habsburger die mittelalterlichen Anlagen mit einem weiteren Gürtel und Kanonen. Die Befestigung wird deshalb auch »Habsburg-Lothringer Burg Magyaróvár« genannt. Später dann, im 18. Jh., verlor sie ihre militärische Bedeutung und fungierte kurze Zeit als Gefängnis, bis 1818 eine Wirtschaftsakademie einzog. Seit 2016 werden hier Studenten der Agrar- und Lebensmittelwissenschaften der Universität Győr unterrichtet.

■ Pozsonyi út 86., nur Mo–Fr für Besucher geöffnet, Näheres über Tourinform

Pfarrkirche Sankt Gotthard

| Kirche |

Die Pfarrkirche gilt als schönstes barockes Gebäude der Stadt. Hier ist die Habsburger-Gruft zu besichtigen, die letzte Ruhestätte von Friedrich von Österreich-Teschen und dessen Ehefrau Isabella von Croÿ-Dülmen. Auf einer Parkbank wenige Schritte von der Kirche entfernt »sitzt« der frühere Erzherzog persönlich – die Statue ist ein beliebtes Fotomotiv.

■ Szent László tér 2.-4.

Restaurants

1 **€€ | Hársfa étterem** Seit 1994 bietet der Familienbetrieb im Mühlen-Look internationale und ungarische Küche. Reiche Auswahl vor allem für Fleischliebhaber, täglich wechselnde Mittagsmenüs. ■ Csaba utca 34., Tel. 30/497 10 32, www.harsfa-etterem.hu, tgl. 10–22 Uhr

Kinder

Interaktives Naturwissenschaftliches Erlebniszentrum FUTURA Ob 5-D-Vorführung, Planetarium, optische Täuschungen, spektakuläre Experimente oder Flugzeugsimulator (gegen Aufpreis) – im FUTURA lernen Jung und Alt spielerisch Geheimnisse der hinter den vier Elementen steckenden Gesetzmäßigkeiten kennen. ■ Szent István király út 142., www.futuramoson.hu/deutsch, April–Anfang Nov. tgl. 10–18, Anfang Nov.–März nur Do–So, 2800 HUF, Kinder 2200 HUF, Familien 8500 HUF

Events

Pannonia Carnuntum Old Timer Rallye Die historische internationale Autorallye verbindet Ilmitz (Österreich) über Wien mit Mosonmagyaróvár. Hier rollen die historischen Autos an der Fußgängerzone vorbei entlang der Magyar utca und wieder zurück Richtung Ilmitz. ■ Am verlängerten Mai-Wochenende von Christi Himmelfahrt, www.pannonia-carnuntum.at/wp

Sport

Kanutouren Jégmadár Vízitúrák (»Eisvogel Wassertouren«) bietet Kanufahrten unterschiedlicher Länge für Naturfreunde mit Kanu-Erfahrung, etwa um die Kleine Schüttinsel (Szigetköz), die Große Schüttinsel (Csallóköz) oder auf der Großen Donau. Bei Bedarf werden neben Kanus auch Tourenleiter gestellt und Boote zum gewünschten Ort transportiert. ■ Bence Németh, Tel. 20/566 8196, Kanu-Miete 3000 HUF/Tag, Transport 140 HUF/km

2 Győr

Einst eine abgeschirmte Festung, heute ein weltoffener Touristenmagnet

Information

■ Tourinform, Baross Gábor út 21., 9021 Győr, Tel. 96/336171, http://turizmus.gyor.hu/lang/de

Győr, wo die Raab und die Kleine Donau in die Donau münden, wird auch »Stadt der Flüsse« genannt. Schon die Römer hatten hier eine Siedlung errichtet. Während der Türkenkriege bauten die Habsburger die zwischen Budapest und Wien liegende Stadt zur Festung aus. Nachdem die Osmanen bei Wien zurückgeschlagen worden waren, erblühte der Ort. Im 19. Jh. folgte eine bedeutende industrielle Ent-

Die Ursprünge der Burg von Mosonmagyaróvár reichen bis zu den Römern zurück

wicklung, In Győrs Innenstadt steht fast jedes Gebäude unter Denkmalschutz, und auch die »Barockhochzeit« im August versetzt Besucher in die Vergangenheit.

Sehenswert

Győri Városháza

| Rathaus |

Das mit 3400 m² Fläche beeindruckende Gebäude mit Renaissance- und Neobarockelementen besitzt nicht nur eine außergewöhnliche Geschichte, sondern ist das Wahrzeichen der Stadt. Der fast 60 m hohe Turm ist von diversen Orten der Stadt aus zu sehen. Nur die wenigsten Besucher wissen, dass das 1900 eröffnete Rathaus von Győr früher ein Feuerturm war und noch früher als Stadttor fungierte.

■ Városház tér 1.

Zum Kloster Pannonhalma gehört auch ein ausgedehnter Kräutergarten

Altabak-Haus

| Barockhaus |

Eines der ältesten Wohngebäude der Stadt wurde 1620 vom Stiftsherrn János Altabak aus mehreren Häusern zusammengelegt. Es weist stimmungsvolle italienische Säulen, einen Hof mit Arkaden und eine reich geschmückte barocke Fassade auf. Sein heutiges Äußeres erlangte es im 18. Jh.

■ Bécsi kapu tér 12.

Bischofsburg Győr

| Aussichtspunkt |

2 *Die Bauspuren reichen bis in die Römerzeit zurück*

In den Grundmauern der Burg fand man Spuren römischer Baukunst. Ihr ältester Teil ist die untere Hälfte der Turmburg, der aus dem 14. Jh. stammende Fluchtgang und der Kreuzgewölberaum. Die mehrstöckige Burgkapelle wurde 1481–86 im gotischen Stil errichtet. Nach den Türkenkriegen und Umbauten zur Festung ließ ein Bischof das Gebäude restaurieren und in seiner heutigen Form ausbauen. Die Aussicht auf die Stadt ist grandios!

■ Káptalandomb 1., www.kaptalandomb.hu, Mai–Sept. So–Fr 9–17, Sa 9–20, Okt.–April Di–Sa 9–17 Uhr, 1000 HUF, erm. 500 HUF

Győri zsinagóga

| Synagoge |

Die neologische Gemeinde erbaute die Synagoge 1868–70 im neoromanischen Stil. Sie war Vorbild für den Bau zahlreicher bedeutender europäischer Synagogen im späten Historismus. Nach dem Holocaust war die Gemeinde stark geschrumpft, sodass die Synagoge langsam verfiel. Das zum Teil wiederhergestellte Gebäude dient seit 1990 als kultureller Veranstaltungsort.

■ Kossuth Lajos utca 5.

Im Blickpunkt

Judentum in Ungarn

Gemäß historischer Überlieferung leben seit dem Frühmittelalter Juden in Ungarn, laut anderen Zeugnissen sogar schon seit der Römerzeit. Es ist eine sehr wechselvolle Geschichte: Immer wieder gab es Könige, die das Judentum schützten, und andere, die Verbote erließen. Nach dem Österreichisch-Ungarischen Ausgleich 1867 wurde das Gesetz zur Judenemanzipation in Ungarns Parlament angenommen, was zum Zuwachs der jüdischen Bevölkerung führte. Der in Budapest geborene Autor Theodor Herzl begründete Ende des 19. Jh. die Bewegung des politischen Zionismus und damit die Idee des jüdischen Staates. Leider wurde das Thema rasch aktuell, denn bereits 1920 wurde mit der Einführung eines Numerus clausus für jüdische Studenten das erste antijüdische Gesetz Ungarns erlassen, bis zum Ausbruch des Zweiten Weltkriegs folgten weitere. Der Holocaust forderte über 564 000 ungarische Opfer. Trotz alldem ist Budapest heute wieder ein lebendiges Zentrum jüdischer Kultur.

Restaurants

€€ | **Nimród Vendéglő** Ausgezeichnete Wildgerichte, freundliches, hilfsbereites Personal und eigene Parkplätze. Gut erreichbar in der südlichen Innenstadt. ■ Nagy Imre utca 48-50.,Tel. 96/ 415376, www.nimrodvendeglo.hu, Di–Sa 11.30–22, So 11.30–16 Uhr

Cafés

JAM Juice & More Bar, Café und Gastro-Pub. Europäische und ungarische Küche zum Frühstück, Brunch oder Mittagessen. Leckerer Kaffee, freundliche Bedienung. ■ Arany János utca 11., www.facebook.com/jamgyor, Mo–Fr 7–18, Sa 7.30–16, So 8–13 Uhr

Events

Barockhochzeit Zur dreitägigen Barockhochzeit im August gehören u.a. Konzerte, ein Aufmarsch von Tänzern, Musikern, Flaggenträgern in Barockkleidung und eine Serenade für die »Braut«. ■ Kunst- und Festivalzentrum Győr, Tel. 96/311316, info@mufegyor.hu

Erlebnisse

Besichtigung des Audi-Motorenwerks Automobilfans aufgepasst: Die ungarische Tochtergesellschaft von Audi, Audi Hungaria, bietet in ihrem Werk auch deutschsprachige Führungen an. Der Standort gilt als das weltgrößte Motorenwerk, 2019 wurden hier fast 2 Mio. Motoren gefertigt. ■ Audi Hungaria Zrt., Audi Hungária út 1./ Kardán utca 1., Anmeldung: www.audi.hu/de/werkbesichtigung, 900 HUF, erm. 500 HUF, themenspezifische Führung (zu Produktion und Logistik) 1500 HUF p. P.

In der Umgebung

Pannonhalma

| Kloster |

Die UNESCO-geschützte Erzabtei wurde 896 vom Benediktinerorden gegründet. Neben einem Internat und Museum betreibt der Orden auch eine Lavendelölproduktion, eine Weinkelterei (vor allem Weißweine) und ein Restaurant. Von der Abtei bietet sich ein wunderschöner Ausblick.

■ Vár 1., www.pannonhalmifoapatsag.hu, 2000 HUF, erm. 1400 HUF, Familie 4000 HUF

3 Fertőd

Das »ungarische Versailles« am Neusiedler See lockt mit schöner Baukunst

Information

■ Gemeinde Fertőd, Madách sétány 1., 9431 Fertőd, Tel. 99/537013, www.fertod.hu/deutsch

Das naturnahe Fertőd setzte sich erst 1950 aus den Gemeinden Eszterháza (Esterhaus) und Süttör zusammen. Die Geschichte von Eszterháza begann im 18. Jh., als Fürst Nikolaus I. am moorigen Ufer des Neusiedler Sees an der Grenze zu Süttör das einstige Jagdschloss der Familie Eszterházy zu einer Sommerresidenz umbauen ließ.

Sehenswert

Schloss Esterházy

| Rokokoschloss |

1 *Die einstige Wirkstätte des Komponisten Joseph Haydn*

Das auch als »Schloss Fertőd« bekannte Gebäude zählt zu den größten Rokokoschlössern Ungarns. Ähnlichkeiten zum Schloss Schönbrunn sind kein Zufall, die Habsburger wiederum hatten für Schönbrunn Versailles als Vorbild, das Nikolaus I. auch besucht hatte. Schloss Esterházy wird daher auch das »ungarische Versailles« genannt. Den über 7000 m² großen Schlosshof zieren geometrische Rasenflächen, Blumenbeete und ein Springbrunnen. Im Musiksaal konzertierte Joseph Haydn über 20 Jahre mit seiner Hofkapelle. Im Park steht eine Bronzeplastik Haydns. Der mittlere Teil des UNESCO-geschützten Schlosses kann als staatliches Museum besichtigt werden.

■ Joseph Haydn utca 2., Tel. 99/537640, www.eszterhaza.hu/de/schloss, Okt.–Mai Di–So 9–17, Juni–Sept. tgl. 9–18 Uhr, 1000 HUF, erm. 500 HUF, deutschsprachige Führungen (ca. 50 Min.) 2000 HUF, erm. 1000 HUF, Familie 4000 HUF

4 Sopron

Stimmungsvolles, historisches Artefakt mit sehenswerter Altstadt

Information

■ Tourinform, Szent György utca 2., 9400 Sopron, Tel. 99/951975

Scarbantia – wie aus einem Fantasy-Roman klingt der altertümliche Name Soprons. Als eine der ältesten Städte Ungarns hat Sopron schon viel erlebt: Die Römer gründeten hier eine Handelssiedlung, in der Reformationszeit spielte es eine bedeutende Rolle, hier fanden Krönungen und Reichstage statt und unweit der Stadt, an der österreichisch-ungarischen Grenze, das Paneuropäische Picknick (S. 25).

Sehenswert

Fő tér

| Platz |

Auf dem Hauptplatz ist die Zeit stehen geblieben, und das ist gut so! Gebäude wie das Storno-ház und das Fabricius-

Schmale Gassen prägen den mittelalterlichen Kern der Universitätsstadt Sopron

ház (»ház« = Haus) stehen unter Denkmalschutz, ihr Standort und Grundriss sind seit dem 13. Jh. unverändert. Das Wahrzeichen Soprons ist der noch aus der Römerzeit stammende Tűztorony (Feuerturm). Die barocke Dreifaltigkeitsstatue mitten auf dem Platz ist ein Blickfang. Neben ihr ragt die römisch-katholische Kecske-templom (Geißkirche) empor – sehenswert von außen wie von innen. Finden Sie die namengebende Geiß an der Außenfassade des Kirchturms?

Várfalsétány

| Stadtmauerspaziergang |

Das Straßensystem der Innenstadt wird von der historischen Stadtmauer bestimmt. Beim romantischen Rundgang auf der Stadtmauer kann man sich dieses gut vergegenwärtigen und darüber hinaus Teile der ehemaligen Bernsteinstraße erkunden, die im 1. Jh. auch durch Scarbantia führte.

Der Rundgang dauert ungefähr eine Stunde und beginnt an der Straße Bünker János Rajnárd köz (neben der dort befindlichen evangelischen Kirche). Auf dem größtenteils ebenerdigen, gut beleuchteten Weg laden mehrere Bänke zu Verschnaufpausen ein.

P Parken

Teile der Altstadt sind verkehrsberuhigt. Falls Sie mit dem Auto kommen und in Sopron übernachten, sollten Sie vorher im Hotel nachfragen, ob Sie direkt zum Hotel fahren können und ob es hoteleigene Parkplätze gibt. Andernfalls finden Sie über die Stadt verteilt viele Parkmöglichkeiten, z. B. die **Tiefgarage** am Petőfi tér (400–500 HUF/Std.).

Restaurants

€€ | **Erhardts** Anspruchsvolles, dennoch gemütliches Restaurant mit Gartenbereich nur fünf Minuten zu Fuß vom Fő tér entfernt. Ein Tipp ist das Mangalica-(Wollschwein-)Steak mit Selleriepüree. Das kundige Personal gibt passende Weinempfehlungen, oder man nimmt gleich das Wein-Dinner mit dem Feinsten aus der Region.
■ Balfi út 10., Tel. 99/50 67 11, www.erhardts.hu, Mo–Do, So 11.30–22, Fr, Sa 11.30–23 Uhr

5 Fertőrákos

Viel Geschichte und Ausflugsmöglichkeiten rund um den Neusiedler See

Information

■ Gemeindeverwaltung Fertőrákos, Fő utca 139., 9421 Fertőrákos, Tel. 99/53 00 24, www.fertorakos.hu/deutsch

Fertőrákos erstreckt sich malerisch am Rande des gemeinsamen österreichisch-ungarischen UNESCO-Welterbes Fertő/Neusiedler See. Seine historische Bedeutung zeigt sich anhand eines Tempels aus der Römerzeit, am hiesigen Steinbruch sowie der aktiv gepflegten Erinnerung an die Grenzöffnung im Sommer 1989.

Sehenswert

Mithrastempel
| Antiker Tempel |
Das in Stein gemeißelte Relief der römischen Göttergestalt Mithras wurde 1866 zufällig im Gestrüpp entdeckt. Ein kleines, 1992 errichtetes Tempelgebäude direkt am Radweg von Mörbisch nach Fertőrakos schützt das ehemalige Heiligtum.
■ Zwischen Fertőrákos und Mörbisch am See, von Fertőrákos aus zu Fuß auf dem schmalen Weg durch den Nationalpark Fertő-Hanság oder per Fahrrad oder

Ein Denkmal von Miklós Melocco erinnert an das Paneuropäische Picknick 1989

Kleinbahn, GPS-Daten: N 47° 44,484' O 16° 39,414', www.fertorakos.hu/deutsch/das-mithras-sanktuarium, Mai–Sept. Di–So 9–17 Uhr, Eintritt frei

Gedenkstätte Paneuropäisches Picknick

| Gedenkstätte |

Die Gedenkstätte zur Friedensdemo vom 19. August 1989 liegt am Grenzübergang Österreich-Ungarn, direkt neben den Resten des »Eisernen Vorhangs«. Noch heute hängt dort die »Glocke der Freiheit«. Im Besucherzentrum gibt es eine Dauerausstellung mit früheren Grenzanlagen, Lehrmaterial, Fotos und Fahnen.

■ Am Ende des Pozsonyi út, direkt an der Landesgrenze Ungarn-Österreich

Bühne

Steinbruch und Felsentheater Der Abbau des Leitha-Kalksteins begann hier bereits in der Römerzeit. Seit 2015 ist der Steinbruch von Fertőrakos wieder zugänglich und bietet eine tolle Aussicht auf den Neusiedler See. Das hiesige Theater glänzt mit modernster Licht- und Bühnentechnik. ■ Fő utca 1., Tel. 99/53 04 00, www.barlangszinhaz.hu, Mai–Okt. tgl. ab 10 Uhr, Tickets 1800 HUF, Rentner 1200 HUF, Familie 4000 HUF

In der Umgebung

Fertő-Hanság-Nationalpark

| Naturpark |

Der 237 km² große Nationalpark bei Fertőrákos ist 1994 aus der Zusammenlegung des Nationalparks Fertő-tó und des Landschaftsschutzgebiets Hanság hervorgegangen. Mit dem Nationalpark Neusiedler See - Seewinkel in Österreich bildet er die UNESCO-geschützte Kulturlandschaft Fertő/Neusiedler See. Es locken eine reiche Pflanzen- und Tierwelt (u. a. seltene Wasservögel), Boots- und Radtouren.

■ Parkverwaltung Tel. 99/53 76 20, www.ferto-hansag.hu/de

ADAC Mobil

Grenzüberschreitende Schifffahrten Die Fähren von Fertőrákos nach Mörbisch verbinden Ungarn von Mai bis Sept. in 20–30 Min. mit Österreich. Viele der hiesigen Sehenswürdigkeiten können auch über das Wasser besichtigt werden. *Abfahrt ab mind. fünf Passagieren, tgl. 10.40–16.40 Uhr alle 2 Std., Infos: Drescher Touristik & Line, Tel. +43 26 85 88 20, www.drescher.at*

6 Kőszeg

Charmante Perle Pannoniens mit historischen Sehenswürdigkeiten

Information

■ Tourinform, Fő tér 2., 9730 Kőszeg, Tel. 94/56 31 20

Klein, aber oho! Der nur ca. 11 800 Einwohner zählende Ort Kőszeg ist sicher nicht die berühmteste Sehenswürdigkeit Ungarns, hat aber unheimlich viel zu bieten, von Geschichte über Kultur bis hin zu Naturnähe.

Sehenswert

Altstadt

| Stadtzentrum |

Die Altstadt ist das liebenswerte Herz Kőszegs, wo sich die schönsten Se-

Am Hauptplatz von Kőszeg ragt die neugotische Herz-Jesu-Kirche in die Höhe

henswürdigkeiten auf einem Fleck befinden, darunter die Jurisics-Burg, deren ältester Teil im 13. Jh. gebaut wurde (Rajnis utca 9., www.jurisicsvar.hu), die geschmackvoll gestaltete, neugotische Herz-Jesu-Kirche (Győry János utca 1.) und das 1932 anlässlich des 400-jährigen Jubiläums der erfolgreichen Verteidigung der Stadt gegen die Türken errichtete Heldentor (Jurisics tér 4.).

■ Zwischen Árpád tér und Fő tér

Hétforrás

| Brunnen |

In direkter Nachbarschaft zum Ort erstreckt sich das Kőszeg-Gebirge mit verschiedenen Sehenswürdigkeiten inmitten einer romantischen Waldlandschaft, darunter auch der 1896 erbaute Hétforrás (Siebenbrunnen). Der Legende nach geht demjenigen Besucher ein Wunsch in Erfüllung, der alle sieben aus dem Brunnen strömenden Wasser probiert. Das Quellwasser hat höchste Qualität!

■ Das Gästehaus Andalgó (S. 33) bietet Minibus-Touren hierher und zu anderen Orten im Kőszeg-Gebirge an

Events

Ostromnapok Die »Tage des Sturms« (auf Kőszeg) klingen zunächst nicht nach Spaß, sind aber sehr unterhaltsam. Von der Feuerwehr über Minderheitengruppen bis hin zu verschiedenen Künstlern hält die ganze Stadt zusammen, um dem »Sturm der Touristen« vom Konzert bis zum Schaukampf ein spannendes Programm zu liefern.

■ Erste Augustwoche, Infos unter info@programturizmus.hu

7 Szombathely

Einstige römische Provinzhauptstadt und Geburtsstadt von St. Martin

Information

■ Tourinform, Király utca 1a, 9700 Szombathely, Tel. 94/317269, www.facebook.com/savariaturizmus

Szombathely, das antike Savaria, ging aus einem im 9. Jh. errichteten römischen Kastell hervor und ist damit die wohl älteste römische Stadt des heutigen Ungarn. Dieser antike Ursprung ist noch im Stadtbild sichtbar: am Weg des heiligen Martin, dem Ruinengarten Járdányi Paulovics István, im örtlichen Iseum Savariense und vor allem beim historischen Karneval.

Sehenswert

Fő tér

| Hauptplatz |

Auf dem Hauptplatz wurden schon im 13. Jh. Märkte und Messen abgehalten, angeblich geht sogar der Stadtname auf den regen, »samstäglichen« Betrieb zurück (»szombat« = Samstag). Hier stehen die Statue der Heiligen Dreifaltigkeit, der von Faunen umgebene Brunnen, die James-Joyce-Statue, die durch die Wand des Blum-Hauses in der Nr. 40 zu treten scheint, sowie frühere Wohnhäuser im barocken und eklektischen Stil.

Iseum Savariense

| Museum |

Das Iseum ist eine Rarität in ganz Europa: Die moderne Ausstellung und der rekonstruierte Gebäudekomplex berichten über den Isis-Kult, der in Ägypten praktiziert wurde und es zur Zeit des alten Roms bis nach Savaria schaffte. Die ursprüngliche Kultstätte wurde am Ende des 1. Jh. erbaut. Insgesamt drei Ausstellungen informieren über das alltägliche Leben im römischen Imperium und im Iseum.

■ II. Rákóczi Ferenc utca 6-8., Tel. 94/50 17 09, http://iseum.savariamuseum.hu, Jan.–März und Nov.–Dez. Mi–Sa 10–17, April–Okt. Di–So 10–17 Uhr, 1600 HUF, erm. 800 HUF, Familie 2400 HUF, Beschilderungen auf Ung. und Engl., Broschüren und Führungen auch auf Deutsch

Gefällt Ihnen das?

Wer über das Iseum und den Historischen Karneval hinaus mehr über die Römer in Ungarn erfahren will, darf den **Gorsium Régészeti Park** bei Székesfehérvár (S. 45) und das **Aquincum** in Óbuda (S. 106) nicht verpassen.

ADAC Wussten Sie schon?

Der Vater von Leopold Bloom, Romanfigur aus dem »Ulysses« von **James Joyce**, stammt aus Szombathely. Deshalb ehrte die Stadt den Autor mit einer Statue am Hauptplatz und einer Tafel an der Wand des Hauses, in dem Mitte des 19. Jh. eine Familie Blum lebte. Szombathely feiert jährlich am 16. Juni auch den **Bloomsday** mit Lesungen, Konzerten, Ausstellungen, aber auch (irischen) Filmvorführungen und Tanzkursen (Infos: Agora Savaria Kulturzentrum, Tel. 94/31 26 66).

Via Historica Sancti Martini

| Historischer Spazierweg |

Der historische Spazierweg des heiligen Martin, der 316/317 in Szombathely geboren sein soll, führt von der Kalvarienkirche bis zur Sankt-Martin-Kirche über acht Stationen, die mit den altchristlichen Traditionen der Stadt verbunden sind. Kunstwerke und Informationstafeln an diesen Stationen beziehen sich auf Episoden aus dem Leben der Heiligen Martin und Quirin.

■ www.viasanctimartini.eu/de

Restaurants

€€ | DECK Bistro & Bar Bunte Auswahl an modernen Gerichten in malerischer Umgebung direkt am Rudersee von Szombathely. Freundlicher und hilfsbereiter Service. ■ Kenderesi utca 1., Tel. 20/266 06 06, www.deckbistro.hu, Mo–Do 9–22, Fr 9–24, Sa 10–24, So 10–21

Events

Savaria Historischer Karneval Römische Stadtgeschichte und historische Ereignisse hautnah erleben! Teil der Veranstaltung sind u. a. ein kostümierter Umzug mit Fackeln, Ausstellungen, Fachvorträge, Konzerte und Feuerschlucker. ■ Ende Aug. in der gesamten Innenstadt (daher woanders parken), www.karnevalsavaria.hu, Tickets für Tribünen entlang des Umzugs 2100 HUF p. P.

8 Őrség-Nationalpark

2 *Märchenhaft grüne Landschaften und traditionelle Architektur*

Information

■ Tourinform Őriszentpéter, Siskaszer 26/a, 9941 Őriszentpéter, Tel. 94/54 80 34, www.orseginemzetipark.hu/de, Routen für Lehrpfade auf www.orseg.info/de

Wer's grün mag, wird die Landschaft des Őrség lieben: Hügel und Täler, Wiesen, Laub- und Nadelwälder, Moore, Quellen, eine reiche Tierwelt und eine besondere Bauweise machen die Region einzigartig in Ungarn. Őrség bedeutet »Wache«. Der Name stammt daher, dass die Ungarn, die sich zur Landnahme hier ansiedelten, zum Schutz gen Westen Grenzwachen aufstellten.

Sehenswert

Pityerszeri Skanzen
| Freiluftmuseum |
Szalafő ist der archaischste Ort des Őrség. Hier befindet sich das Museumsdorf Pityerszer (Pityerszeri Skanzen): Die Wohnhäuser bildeten Hausgruppen, ungarisch »szer«. Das Freiluftmuseum bietet eine ideale Möglichkeit, die folkloristische Architektur der Region kennenzulernen.
■ Alsószer 36., 9942 Szalafő, Juni–Aug. tgl. 10–18, April, Mai, Sept.–Nov. Di–So 10–17 Uhr, 1200 HUF

Szentháromság templom
| Kirche |
Schon die Lage der Dreifaltigkeitskirche im kleinen Ort Velemér ist toll: Die einschiffige katholische Kirche steht auf einem kleinen Hügel, direkt hinter ihr erstreckt sich eine große Waldfläche. In dem Gotteshaus aus dem 13. Jh. lassen sich wunderschöne Fresken bestaunen.
■ Fő utca 54., 9946 Velemér, Ostern–Okt. Di–So 9–16, Nov.–Ostern 11–13 Uhr, Besichtigung gegen Spende (400 HUF)

Einkaufen

Kürbiskernöl Das Őrséger Kürbiskernöl ist landesweit berühmt, sehr gesund und schmackhaft. Ein Tipp ist das Kürbiskernöl der Familie Balogh – die Herstellung kann man sich im Familienbetrieb in Szalafő ansehen und dort auch das wertvolle Öl kaufen.
■ Balogh Családi Gazdaság, Felsőszer 19/A, 9942 Szalafő, Tel. 30/413 61 40, www.baloghcsaladigazdasag.hu

9 Zalaegerszeg

Zwei landesweit einzigartige Museen, viel Volkskunst und ein Aussichtsturm

Information

■ Tourinform, Széchenyi tér 4-6., 8900 Zalaegerszeg, Tel. 92/31 61 60, www.zalaegerszegturizmus.hu

Im Őrség-Nationalpark wurden die gefährdeten Przewalski-Wildpferde angesiedelt

Zalaegerszeg gilt als Geheimtipp in der Region des mittleren Westungarn. Die Blüte der Stadt begann erst in den 1920er-Jahren, als u. a. das neue Postamt, der Bahnhof sowie das Franziskanerkloster gebaut wurden. Mit der Entwicklung der Stadt stieg auch die Bedeutung ihrer Industrie, wovon etwa das Ölmuseum zeugt.

Sehenswert

Fernsehturm Bazita

| Aussichtsturm |

Der Fernsehturm befindet sich etwa 4 km südwestlich vom Zentrum am Westrand des Stadtwaldes auf der Bazita-Spitze, einem beliebten Ausflugsziel. Die Stahlbetonkonstruktion ist ca. 100 m hoch und besitzt in 60 m Höhe eine Aussichtsplattform, von der man bei klarem Wetter die östlichen Ausläufer der Alpen sehen kann. Der Turm dient auch als Testumgebung zur Durchführung physikalischer Experimente, in seinem Inneren befindet sich nämlich ein Freifallsimulator.

■ Bazitai utca 1., Tel. 20/237 45 55, www.tvtorony.hu, 30. März–29. Sept. tgl. 11–20 Uhr, 390 HUF

Magyar Olajipari Múzeum

| Museum |

Das 1969 eröffnete Museum der ungarischen Öl- und Gasindustrie ist das größte technische Freiluftmuseum der Welt. Es sammelt auf der 30 000 m² großen Fläche Erinnerungen aus dem Abbau sowie der Verarbeitung von Rohöl und Erdgas in Ungarn. Präsentiert werden beispielsweise Bohrtürme, Pumpen und ein Park mit Figuren wichtiger Persönlichkeiten der ungarischen Industriegeschichte.

■ Wlassics Gyula utca 13., Tel. 92/31 36 32, www.olajmuzeum.hu, April–Okt. Di–So

10–18 Uhr, deutsch- bzw. englischsprachige Führungen auf Anfrage per Tel. oder E-Mail an moim@olajmuzeum.hu, bei Eintritt ins benachbarte Dorfmuseum frei

In der Umgebung

Azaleás-völgy

| Azaleenpark |

Der landesweit berühmte Park gehört seit 2010 zu den sieben Naturwundern des Verwaltungsbezirks (Komitats) Zala. Seit 1973 pflanzen Arbeiter der Forstwirtschaft an dem mit Akazien bewachsenen Ort Tausende von Azaleen. Das Tal wird so Ende April/Anfang Mai zu einem farbenfrohen Blumenmeer: Am meisten ist zwar die gelbe, duftende Sorte aus dem Kaukasus zu sehen, aber auch weiße, rote und lila Farbtöne sind zu entdecken. In der prächtigen »Rhododendron-Schlucht« findet man zudem streng geschützte Pflanzen und viele Kiefernarten.

■ Alsóerdő, GPS-Daten: N 46° 48,576′ O 16° 49,032′, ganzjährig geöffnet, Eintritt frei

10 Sümeg

Die über der Stadt wachende Burg erwartet Sie mit Ritterspielen

Information

■ Tourinform, Kossuth Lajos utca 15., 8330 Sümeg, Tel. 20/417 63 46, sumeg@tourinform.hu

Auf einem 270 m hohen Hügel wurde die Burg erbaut, die heute noch wie ein Wachposten über der Stadt thront. Zur Zeit der Türkenkriege erlangte sie hohe militärische Bedeutung, danach verfiel sie. Erst nach der Systemwende 1989 wurde sie restauriert.

Sehenswert

Sümegi vár

| Burg |

Die ersten Elemente der Burg wurden 1260 erbaut, die Mauern folgten erst 100 Jahre später. Zahllose Kämpfe und Konflikte wurden hier ausgetragen,

Burg Sümeg – einst heiß umkämpft, heute ein Touristenziel

u. a. der letzte Kuruzen-Aufstand. Im 18. Jh. verwahrloste sie, bis in den 1960er-Jahren archäologische Arbeiten begannen und die Burg unter Schutz gestellt wurde. Seit 2016 wird sie im Rahmen eines staatlichen Burgprogramms umfangreich restauriert. Heute finden in den sanierten Mauern der Ruine Ritterspiele und verschiedene Veranstaltungen statt.

■ Várkert, Tel. 87/55 01 66, www.sumegvar.hu, in der Regel tgl. geöffnet, Burg 1500 HUF, erm. 800 HUF, Kinder unter 6 J. frei, Ritterspiel 2500 HUF, erm. 1000 HUF

11 Zirc

Ein berühmtes Kloster in Traumlage zwischen Bergen und Wäldern

Zirc ist die Hauptstadt der bei Wanderern und Skifahrern beliebten Bergregion Bakony in Nordwestungarn. Die Kleinstadt ist ein guter Ausgangspunkt für Ausflüge, etwa zu den Skipisten von Eplény (ca. 8,6 km entfernt) oder zur Burg von Csesznek (ca. 12 km).

Sehenswert

Kloster Zirc

| Abtei |

3 *Ansehnliches Zisterzienserkloster mit langer Bierbrautradition*

Die Abtei Zirc (Zirci apátság) wurde 1182 von König Béla III. gegründet. Heute kann man sich hier eine kirchengeschichtliche Ausstellung (1000 HUF), die Barockkirche (800 HUF), das Arboretum (800 HUF) und die tolle denkmalgeschützte Bibliothek (800 HUF) ansehen. In dem Zisterzienserkloster wird seit Anfang des 18. Jh. Bier gebraut, das man in vielen Kneipen und Restaurants der Umgebung, aber auch im Souvenirshop auf dem Gelände kaufen kann – besonders empfehlenswert: das Hefeweizen mit Lavendel.

■ Rákóczi tér 1., www.zirciapatsag.hu, Di–So 9–17 Uhr, Kombiticket (Ausstellung, Kirche, Arboretum, Bibliothek) 2900 HUF

In der Umgebung

Pannon Csillagda

| Sternwarte |

Die Sternwarte ist das modernste digitale Planetarium Ungarns und legt den Schwerpunkt auf Interaktivität. Der Eintritt beinhaltet u. a. eine astronomiegeschichtliche Ausstellung und den Teleskoppark, in dem die Sonne mit einem speziellen Teleskop betrachtet werden kann. Wer 600 HUF draufzahlt, kann im 3-D-Kinosaal alles über die Erkundung des Mars erfahren.

■ Szent Gellért tér 9. (Eingang von der Petőfi utca), 8427 Bakonybél, www.csillagda.net, Di, Sa, So 10–18 Uhr, 2300 HUF, Kinder 1900 HUF, Familie (zwei Erwachsene, zwei Kinder unter 14 J.) 5900 HUF, jedes weitere Kind unter 14 J. 600 HUF

ADAC Mobil

Vorsicht **Wildwechsel**! In der Bakony-Region kann es auf den Straßen zu Unfällen mit über die Straße laufendem Wild kommen. Halten Sie deshalb umso mehr die Geschwindigkeitsbegrenzungen ein und fahren Sie besonders im Dunkeln vorausschauend. Sollten Sie Tiere auf der Fahrbahn sehen: Fernlicht aus und hupen, dann rennt das Wild meist von selbst von der Straße.

Übernachten

Die Grenznähe zu Österreich oder der »Zahntourismus« spielen in Westungarn beim Thema Unterkunft eine Rolle. Die meisten Hotels haben einen hohen Standard, vor allem in den größeren Städten der Region wie Győr. Doch auch abseits von diesen finden sich nette Pensionen in ruhiger Umgebung, etwa am Neusiedler See, in Bakony oder in der Őrség-Region. Auf der anderen Seite kann man auch die Möglichkeit nutzen und edel im Esterházy-Palast in Fertőd oder in schöner Lage unterhalb der Burg Sümeg im Hotel Kapitány nächtigen.

Mosonmagyaróvár 18

€€ | **Kéri Apartment und Gasthaus** Verschiedene Unterkunftsmöglichkeiten in der historischen Altstadt und in der Nähe des Flexum-Thermalbads. Freundliche und hilfsbereite Vermieter, Apartments für zwei bis sechs Personen mit überdachter Terrasse und Privatparkplätzen. ■ Kígyó utca 38., 9200 Mosonmagyaróvár, Tel. 96/212623, www.keriapartman.hu/index.php/de, Mindestaufenthalt zwei Nächte

€€–€€€ | **Aquasol Resort** Das Resort befindet sich in Lucsony, im schönsten Stadtteil von Mosonmagyaróvár, der früher zur Burg Magyaróvár gehörte. Zimmer für zwei bis vier Gäste, Wellnessbereich und Pool. ■ Lucsony utca 19., 9200 Mosonmagyaróvár, Tel. 96/826096, www.aquasolhotel.com/de

Győr 19

€€ | **Barokk Hotel Promenád** Kleines, freundliches, charaktervolles Hotel nahe dem Zentrum mit elf thematischen Zimmern und Frühstück im Gewölbekeller. Für Gäste vergünstigtes Parken im 200 m entfernten Parkhaus. ■ Kenyér köz 4., 9022 Győr, Tel. 96/618000, www.promenadhotelgyor.hu/de

€€–€€€ | **RQ Boutique & Unique Hotel** Moderne Einrichtung, saubere Zimmer und aufmerksames, freundliches Personal. Zentrale Lage. Nur ein paar Schritte entfernt liegt das Thermalbad Rába Quelle – der Eintritt ist für Hotelgäste kostenlos. ■ Híd utca 12., 9025 Győr, Tel. 96/310408, www.rqhotel.hu/en

Fertőd 22

€€ | **Hotel Patonai Pension** Die Pension liegt wunderschön im Herzen des barocken Schlosskomplexes Esterházy und bietet klimatisierte Zimmer, eine Sauna, eine Terrasse und einen Garten. ■ Fő utca 4., 9431 Fertőd, Tel. 99/370008, www.patonai.hu/index

€€€ | **Esterhazy Palast Fertőd** Fürstlich übernachten wie einst die Grafen Esterházy: Der Palast erwartet seine Gäste in wunderschöner Umgebung inmitten eines Parks, daher ist ein erholsamer Aufenthalt für Sie quasi garantiert. Die komfortablen Doppelsuiten befinden sich in der zweiten Etage des Palasts, Familiensuiten für vier Personen im Erdgeschoss. Frühstück inbegriffen. ■ Joseph Haydn utca 2., 9431 Fertőd, Tel. 99/537640, www.eszterhaza.hu/de

Sopron 22

€€ | Fehér Rózsa Saubere Unterkunft, nettes Personal und gutes, hauseigenes Restaurant in einem schönen, alten Gebäude unweit der Innenstadt. Stimmungsvoller Innenhof zum Draußensitzen. In der Unterkunft wird Deutsch gesprochen. Mit Frühstück und gratis Parkmöglichkeit. ■ Pócsi utca 21., 9400 Sopron, Tel. 99/335270, www.feherrozsa.hu/de

Fertőrákos 24

€€ | Pension Huber Ankommen und Wohlfühlen in den elf Apartments und neun Doppelzimmern. Dazu eigener Garten und ein Panoramablick auf den Neusiedler See. ■ Fertő utca 1., 9421 Fertőrákos, Tel. 20/3263747, www.huberpanzio.hu/de

Kőszeg 25

€€ | Andalgó Hold Gästehaus Altes ungarisches Bauernhaus wenige Gehminuten von der Innenstadt. Mehrere geräumige Apartments, geschlossener, blumenreicher Garten, kostenlose Parkplätze. Die Unterkunft bietet auch Minibus-Fahrten ins benachbarte Kőszeger Gebirge an. ■ Rákóczi utca 22., 9730 Kőszeg, Tel. 20/3565971, www.koszegvendeghaz.hu

Szombathely 26

€–€€ | Pension Kispipa Saubere und komfortable Zimmer ca. 15 Gehminuten vom Hauptplatz entfernt. Freundliches und hilfsbereites Personal, kostenloses Parken im Hof. ■ Sólyom utca 70., 9700 Szombathely, Tel. 94/310604, www.kispipaszallas.hu

€€€ | Artis Boutique Hotel 200 m von der Kathedrale von Szombathely entfernt, erwartet das modernste Hotel der Stadt seine Gäste mit geräumigen Zimmern, Sauna, Fitnessraum und freundlichem Personal. Frühstücksbuffet. ■ Hefele Menyhért utca 2., 9700 Szombathely, Tel. 52/369130, www.artishotel.hu/de

Őrség-Nationalpark 28

€€ | Gästehaus Galambszer Kreativ gestaltetes Holzhaus in Waldnähe bei Őriszentpéter, der Hauptstadt der Region Őrség. Geräumiges Dachgeschoss, großer Garten mit Grillmöglichkeit, Sauna, zwei kleine Seen und eine 360-Grad-Holzwippe, daher ideal mit Kindern. 31. Aug.–16. Juni an Werktagen bis zu 50 % günstiger! ■ Galambosszer 14., 9941 Őriszentpéter, Tel. 30/7031819, www.szallasorsegi.hu

Zalaegerszeg 28

€€ | Hotel Arany Bárány Das 1894 errichtete dreistöckige Eckgebäude, genauer dessen Festsaal (heute Wintergarten), war schon früher Ort gesellschaftlicher Veranstaltungen. 1965 wurde es mit einem neuen Gebäudeflügel erweitert, in dem sich nun die meisten Zimmer befinden. ■ Széchenyi tér 1., 8900 Zalaegerszeg, Tel. 92/550040, www.aranybarany.hu/de

Sümeg 30

€€ | Hotel Kapitány Hotel mit eleganten Zimmern und Wellnessbereich in schöner Lage direkt unterhalb der Burg, daher gute Aussicht auf selbige. ■ Tóth Tivadar utca 19., 8330 Sümeg, Tel. 87/550166, www.hotelkapitany.hu

Rund um den Balaton

Ob Baden und Wassersport, Wandern oder Schlemmen: Genuss präsentiert sich am Plattensee vielseitig

Willkommen am »ungarischen Meer«, wie die Einheimischen den Balaton oder Plattensee mit einem Augenzwinkern nennen: Mit 79 km Länge und 594 km² Wasserfläche ist er der größte See Mitteleuropas. Dennoch ist er im wahrsten Sinne des Wortes übersichtlich. Zahlreiche Aussichtstürme am Nord- und Südufer bieten einen wundervollen Ausblick über den See bis ans gegenüberliegende Ufer. Seine Kompaktheit macht ihn außerdem zum Ziel für passionierte Radfahrer, die den Plattensee in zwei bis vier Tagen umrunden. Ein Paradies ist der Balaton auch für Surfer und Segler. Jedes Jahr im Juli findet hier ein großer Segelwettbewerb statt, der Kékszalag (»blaues Band«). Viele Deutsche kennen den Plattensee und insbesondere das Südufer bereits – ob von der Abifahrt nach Siófok, dem Familienurlaub oder gar dem Treffen mit Verwandten aus der damaligen DDR in den 60er-, 70er- und 80er-Jahren. Bis heute erinnern sich Deutsche wie Ungarn an glückliche Begegnungen zwischen Ost und West, die ihnen die Seeregion während des »Gulaschsozialismus« ermöglichte. Baden lässt es sich überall rund um den See: Am Nordufer wird für Strände normalerweise Eintritt verlangt, im Süden ist die Nutzung kostenlos.

In diesem Kapitel:

ADAC Top Tipps:

3 **Tihany-Halbinsel**
| Landschaft |
In Lavendel gebettete, sakrale Sehenswürdigkeiten. Die Halbinsel mit dem hübschen Benediktinerkloster ist nicht nur in der Lavendelsaison einen Besuch wert. 38

4 **Hévíz**
| Kurort |
Badevergnügen mit Tradition. Schon die Römer ließen es sich im Thermalsee gutgehen. Doch auch Weinfans kommen auf ihre Kosten. 40

ADAC Empfehlungen:

4 Művészetek Völgye, Káli-Becken
| Event |
Konzerte und Gastronomie über mehrere Dörfer hinweg. Ein einmaliges Erlebnis! 39

5 Fonyódi piac, Fonyód
| Markt |
Hier haben Sie die Qual der Wahl: Obst, Gemüse, Käse, Wurst oder auch interessante Antiquitäten. 42

6 Temető-domb, Balatonboglár
| Friedhofshügel |
Schlendern zwischen Rosenbüschen und Kirchenkapellen. 43

7 Bory-vár, Székesfehérvár
| Burg |
Ein über 40 Jahre in Stein gemeißelter Liebesbeweis. 45

8 Káli Art Inn, Köveskál
| Hotel |
Eine geschmackvolle Unterkunft für Nostalgiker. 46

12 Veszprém

Hügeliges Städtchen mit Charme und langer Geschichte

Information

■ Tourinform, Óváros tér 2., 8200 Veszprém, Tel. 88/40 45 48, www.veszpreminfo.hu

Ruhige Gassen, Kopfsteinpflaster und eine königliche Vergangenheit, die sich im Stadtbild widerspiegelt – das ist Veszprém (dt.: Weißbrunn). König Stephan gründete die knapp 60 000 Einwohner zählende Stadt im 11. Jh. als Bischofssitz. Die erste Herrscherin war allerdings seine Gemahlin Gisela.

Veszprém ist eine Stadt der Hügel – mit wunderbaren Aussichten

Sehenswert

Burgviertel

| Stadtbild |

Die Veszprémer Burg wurde im 10.–11. Jh. auf einem der sieben Hügel der Stadt, dem Burgberg, gebaut. Durch das 1939 eingeweihte Heldentor (Hősök Kapuja, Vár utca 2.) betreten Sie das kopfsteingepflasterte Burgviertel. Wenige Meter nach dem Tor findet sich auf der linken Seite der Zugang zum Feuerturm (Tűztorony, Vár utca 9., 400 HUF), der 48 m in die Höhe ragt. Über eine Wendeltreppe lässt sich der Rundbalkon erreichen, von dem aus sich ein prächtiger Blick über die Dächer Veszpréms bietet. Zurück auf der Vár utca (dt.: Burgstraße) geht der Spaziergang weiter vorbei an bezaubernden Gebäuden wie dem Spritzenhaus (Fecskendőház) und der hübschen, kleinen St. Emmerich Piaristen- und Garnisonkirche (Szent Imre piarista és helyőrségi templom, Vár utca 12.). Dann erreichen Sie den von Königin Gisela gegründeten Dom St. Michael (Szent Mihály-székesegyház, Vár utca 27.), dessen Ursprung bis ins 10. Jh. zurückgeht. Am Ende der Vár utca erwartet Sie das Königspaar Stephan und Gisela in Form einer stattlichen Statue – und hinter den beiden der Ausblick auf die Stadt und eine sich an den Horizont schmiegende Hügellandschaft.

Restaurants

€€ | **Elefánt étterem** Nettes, kleines Restaurant und Café direkt am Óváros tér mitten in Veszprém, geschmackvoll gestaltet und gemütlich. Ein Tipp ist das Hirschgulasch. Werktags Mittagstisch! ■ Óváros tér 6., Tel. 88/32 96 95, www.facebook.com/Elefant.etterem

Kinder

Veszprémi Állatkert Der Zoo von Veszprém ist in ganz Ungarn bekannt. Die Tiere haben genug Platz in großen Gehegen und viele Auslaufmöglichkeiten. Es gibt viel Grün und Schatten spendende Bäume, für Kinder Spielmöglichkeiten, Essstände und einen tollen Shop. ■ Kittenberger Kálmán utca 17., www.veszpzoo.hu/en, Mo–Fr 9–15, Sa, So 9–15.30 Uhr, Kinder bis 2 J. 200 HUF, Kinder 2–18 J. 2300 HUF, Familie (zwei Erw., ein Kind) 8200 HUF

13 Balatonfüred

Vielseitig und gepflegt: angenehme Kleinstadt direkt am Balaton-Ufer

Information

■ Tourinform, Blaha utca 5., 8230 Balatonfüred, Tel. 87/58 04 80

Balatonfüred ist eindeutig eine der schönsten Städte am Nordufer des Plattensees. Knapp 13 000 Menschen leben in dem gepflegten Kurort, der sowohl für Aktive als auch für Erholungsuchende viel Programm bietet.

Sehenswert

Tagore-Promenade

| Promenade |

Benannt ist der stimmungsvolle Spazierweg entlang des Seeufers nach dem bengalischen Nobelpreisträger Rabindranath Tagore, der 1926 drei Wochen im Füreder Sanatorium verbrachte. Heute ziehen sich hier ein Fahrradweg und breite Spazierwege entlang, d. h. es ist genug Platz für Kinderwagen, Rollstuhl und Co. Es lohnt, sowohl den Balaton auf der einen Seite im Blickfeld zu behalten als auch auf die vielen Skulpturen, Plaketten und Gedenksteine sowie Blumen und Bäume zu achten, denn es gibt überall viel zu entdecken.

ADAC Spartipp

Der von Balatonfüreds Zentrum nur 4 km entfernte **Wildpark Koloska-Tal** (Koloska-völgyi Vadaspark) ist sommers wie winters kostenlos zu besuchen. In dem über 2 ha großen Park in den Tiefen des Waldes haben momentan acht Wildtierarten ihr Zuhause, darunter Rothirsche, Mufflons und verschiedene Vogelarten. Rund um den Wildpark lässt es sich nach Herzenslust wandern, beispielsweise zum nahe gelegenen Koloska-Felsen.

Koloska-völgy, durchgehend geöffnet

Kisfaludy-Strand

| Strand |

Im Sommer sind die Strände Balatonfüreds recht überlaufen. Wer nicht allzu weit gehen möchte, aber große Menschenmengen lieber meidet, für den ist der Kisfaludy-Strand am östlichen Ende der Tagore-Promenade ein guter Kompromiss. Es gibt jede Menge Liegefläche auf dem Gras und Spielmöglichkeiten für Kinder jeden Alters. ■ Aranyhíd sétány, 22. Juni–20. Aug. 8.30–19, sonst 9–18 Uhr, 800 HUF, ab 17 Uhr 400 HUF

Restaurants

€ | Halászkert étterem Tolles Preis-Leistungs-Verhältnis, großartige Fischgerichte, professionelle Bedienung,

Mit seinem Kloster und dem vielen Grün ringsum ist Tihany eine Perle am Plattensee

und eine geräumige Sommerterrasse.

■ Zákonyi Ferenc utca 3., Tel. 87/58 10 55, www.halaszkert.hu, Do–So 12–21 Uhr

14 Tihany-Halbinsel

3 *Nach Lavendel duftende Halbinsel in traumhafter Lage am Plattensee*

Information

■ Tourinform, Kossuth Lajos utca 20., 8237 Tihany, tihany@tourinform.hu

Landschaftlich ist Tihany unbestreitbar einer der schönsten Flecken des Balaton, dabei ist die Halbinsel mit einer Größe von 5 x 3,5 km recht überschaubar. An ihren Ufern lässt es sich entspannt sonnenbaden oder Rad fahren, während es landeinwärts Seenlandschaften und Lavendelfelder zu bestaunen sowie (kleinere) Bergspitzen zu erklimmen gibt. An zahlreichen Ecken und Straßenzügen laden Imbissbuden, Eisstände, Cafés und Restaurants zum Schlemmen ein, während es in kleinen Läden verlockende Mitbringsel zu kaufen gibt, etwa Duftsäckchen und Seifen aus Lavendel, Wein und Keramik.

Sehenswert

Kloster Tihany

| Abtei |

So schön liegen nur wenige Klöster! Auf einer Anhöhe ragt das traumhafte weiße Bauwerk empor, auf der einen Seite das Blau des Plattensees, auf der anderen Seite die romantischen Hausdächer von Tihany und das Grün der Hügellandschaft. Gegründet wurde die Benediktinerabtei im Jahr 1055 von König Andreas I.

■ I. András tér 1., www.tihanyiapatsag.hu, Mo–Sa 10–16, So 11.15–16 Uhr, 800 HUF, 50-min. Führungen auf Detusch für stolze 13 000 HUF (turizmus@tihanyiapatsag.hu)

Cafés

Apátsági Rege Cukrászda Terrassencafé mit Seeblick. Es gibt Eis, Kaffee, Kuchen, Frühstück, tolle Cocktails mit Gin (der mit Lavendel ist spitze) und Tihanyer Weine. ■ Kossuth Lajos utca 22., Tel. 30/166 44 31, www.apatsagicukraszda.hu, tgl. 10–18 Uhr

15 Káli-Becken

Ein hügeliger Flecken Paradies am Nordufer des Balaton

Information

■ Tourinform, Jókai út, 8274 Köveskál, Website des Nationalparks Balaton-Hochland: www.bfnp.hu

Das Káli-Becken ist Teil des Nationalparks Balaton-Hochland, ein Naturschutzgebiet an der Nordseite des Plattensees. Die Region reicht in etwa von Zánka im Osten bis zum Örsi-Berg nahe dem kleinen Ort Ábrahámhegy im Westen. Sowohl landschaftlich als auch kulturell gibt es hier viel zu entdecken. Aufgrund der Kompaktheit der Region kann man sie recht leicht auf einem kleinen Roadtrip erkunden. Die kleinen Dörfer des Káli-Beckens sind entzückend, haben oft urige Häuschen, Jesus- oder Marienstatuen und Brunnen, für die sich ein Halt – und ein Schnappschuss – lohnt.

Sehenswert

Hegyestű

| Steinformation |

»Hegyes tű« heißt zu Deutsch »spitze Nadel«. Und genau so sieht die zwischen den beiden Orten Monoszló und Zánka gelegene Basaltfelsformation aus, wie eine Reihe spitzer Nadeln – ein beeindruckender Anblick! Der geologische Schauplatz (Hegyestű Geológiai Bemutatóhely) ist 337 m hoch und das Überbleibsel eines durch Erosion entstandenen Vulkanschlots.

■ Von der Straße zwischen Monoszló und Zánka ist der Weg ausgeschildert, Mai–Aug. 9–19, sonst 9–17 Uhr, 800 HUF

Kornyi-tó

| See |

Der Kornyi-tó ist zwar der größte See des Káli-Beckens, doch bevor Sie Ihre Schwimmsachen einpacken: Es handelt sich nicht um einen Badesee. Dafür ist er ein Paradies für Vögel und somit Hobby-Ornithologen und Naturliebhaber im Allgemeinen. Sage und schreibe über 100 Vogelarten nisten hier! Um den See herum lässt sich ein

ADAC Mittendrin

4 **Művészetek Völgye** Das »Tal der Künste« ist ein bereits seit 1989 veranstaltetes Kunst- und Kulturfest, das sich über mehrere, in der schönsten Hügellandschaft des nördlichen Káli-Beckens gelegene Dörfer erstreckt. Über zehn Tage lang werden ungarische Leckereien gekocht, Tänze aufgeführt, Konzerte veranstaltet und Kunsthandwerk verkauft. Das Tal der Künste ist ein buntes Fest für Menschen jeden Alters – der Mittelpunkt ist dabei das 370+-Seelen-Dorf Kapolcs. *Mitte bis Ende Juli in Kapolcs, Taliándörögd und Vigántpetend, www.muveszetekvolgye.hu, Tagestickets im Vorverkauf ab 4500 HUF, 3-Tage-Ticket fürs Wochenende 12 000 HUF*

leichter Spaziergang über den ausgeschilderten Lehrpfad »Theodora« machen. Unweit des Sees, auf einem kleinen Hügel, fallen 2,50–3 m hohe abstrakte, doch menschliche Züge aufweisende Skulpturen auf. Diese schuf der Steinhauer Imre Veszprémi 1986, der Titel des Werks ist »Menschliche Komödie«.

■ Kornyi-tó, Kővágóörs

Einkaufen

Liliomkert piac Den Markt im winzigen Ort Káptalantóti steuern Sie am besten mit leerem Magen an, denn hier gibt es jede Menge regionale Köstlichkeiten zu kaufen: Obst, Gemüse, Brot, Fleisch, Käse, Wein ... Aber es gibt auch Kunsthandwerk und Flohmarktschätze zu ergattern. ■ Petőfi utca 13., 8283 Káptalantóti, So 8–15 Uhr

16 Hévíz

4 *Die Seele baumeln lassen zwischen Thermalwasser und Traubensaft*

Information

■ Tourinform, Rákóczi utca 2., 8380 Hévíz, Tel. 83/54 01 31, heviz@tourinform.hu

Das Heilwasser des Thermalsees in Hévíz ist weltberühmt. Sogar aus Russland kommen Gäste angereist, doch auch viele Deutsche und Österreicher kehren in den Kurort westlich des Plattensees ein. Dabei leben in dem nach Budapest meistbesuchten Ort Ungarns nur etwa 4600 Einwohner. Hévíz hat neben dem Thermalwasser auch eine Reihe anderer Sehenswürdigkeiten zu bieten, für die es sich vorbeizuschauen lohnt.

Sehenswert

Hévízi Tófürdő

| Thermalsee |

Der Thermalsee in Hévíz, der oft selbst als Hévíz bezeichnet wird (»víz« = Wasser), hat Tradition: Vermutlich waren bereits die Römer Fans des Heilwassers, und auch heute noch zieht es Menschen – ob zum Relaxen oder zur Reha – an Europas größten Thermalwassersee, dessen Wassertemperatur im Winter 23–25 Grad, im Sommer sogar 33–36 Grad beträgt. Es handelt sich im wahrsten Sinne des Wortes um einen natürlichen See, d.h. hier sind Seerosen heimisch, Enten und Zwergtaucher schwimmen auf dem und Zwergkarpfen im Wasser. Es gibt jedoch angebaute, moderne Wellnessanlagen – das Badehaus Festetics (Festetics Fürdőház, Ady Endre utca) mit Innenbecken, Massage-Angeboten, Schlammbad, Saunen, Eishöhle und vielem mehr. Im Sommer ist am Seeufer ein Kinderbecken zugänglich.

■ Der Haupteingang zum Thermalsee in der Dr. Schulhof Vilmos sétány ist wg. Renovierungsarbeiten bis Juni 2020 geschl. (alternativer Eingang von der Ady Endre utca), www.heviz.hu/de, tgl. 9–17 Uhr, Tagesticket 5500 HUF, 3 Std. 3200 HUF; Badehaus Festetics: tgl. 9–18 Uhr, Massage 4500 HUF (20 Min.), Behandlung mit Hévízer Heilschlamm 6500 HUF (40 Min.)

Egregyi borospincék

| Weinberge |

In der Vorstadt sind die stimmungsvollen Weinkeller des Stadtteils Egregy angesiedelt. Hier dreht sich alles um den edlen Traubensaft und das Schlemmen regionaler Spezialitäten – ein idealer Abschluss für den Tag! Das Auto kann man getrost beim Hotel stehen lassen, denn von der Innenstadt spaziert man in 20–25 Minuten nach Egregy. Dort finden sich zwischen den Weinbergen Restaurants mit ähnlicher Auswahl und Qualität.

Restaurants

€€ | **Római Pince** Im geschmackvollen »Römischen Keller« herrscht heimelige Weinkelleratmosphäre. Für Frischluftfetischisten gibt es auch eine nette Terrasse mit schönem Blick auf Hévíz. Die Gerichte und Weine sind regional – lassen Sie sich beraten. ■ Dombföldi utca 1., Tel. 30/916 99 16, www.romaipince-heviz.hu, Di–So 12–22 Uhr

17 Keszthely

Schmuckes Städtchen am westlichen Zipfel des Plattensees

Information

■ Tourinform, Kossuth Lajos utca 30., 8360 Keszthely, Tel. 83/31 41 44, www.keszthely.hu

Das Ortsbild prägte die aus Kroatien stammende Magnatenfamilie Festetics, die im 18. Jh. die Herrschaft übernahm und repräsentative Gebäude errichtete. Heute leben hier ca. 19 300 Menschen. Die meisten Besucher locken das prächtige Festetics-Schloss und die schöne, vollständig restaurierte historische Innenstadt an.

Sehenswert

Festetics-kastély

| Schloss |

Der Bau des denkmalgeschützten Barockschlosses begann im Jahr 1745, doch erst in den 1880er-Jahren erhielt er seine heute noch zu sehende Form. Sowohl draußen als auch drinnen im Schlossmuseum gibt es einiges zu entdecken: Im Bibliotheksflügel lohnt es, in der Helikon-Bibliothek vorbeizuschauen und anschließend die Ausstellung zum Alltag der Aristokraten mit allerlei pompösem Interieur, Tischgedecken und Malereien zu besuchen. Zum Schlossmuseum gehört auch das Amazonenhaus (Amazon Ház Látogatóközpont, Kastély utca 17-19). In der sehenswerten Dauerausstellung dreht sich alles ums Reisen in den vergangenen Jahrhunderten.

■ Kastély utca 1., www.helikonkastely.hu/de, Mai, Juni, Sept. tgl. 10–17, Juli, Aug. tgl. 9–18, Okt.–April Di–So 10–17 Uhr, Kombiticket Schloss und Amazonenhaus 2500 HUF

Cadillac Museum

| Automuseum |

Sie mögen schöne, alte Autos und haben Lust auf etwas Nostalgie? Dann wird Ihnen das Cadillac Museum gefallen. In der familienfreundlichen Ausstellung kann man sich an Cadillacs aus den Jahren 1905 bis 1990 sattsehen.

■ Kossuth Lajos utca 77., www.cadillacmuzeum.hu, Mo–Sa 9–17, So, Fei 10–17 Uhr, 1600 HUF, Kinder bis zum Schulalter frei

Kinder

Schlosspark Im Park gibt es für Kinder viel zu sehen. Hier leben knapp 40 Wasservogelarten. Es gibt außerdem einen kleinen Teich, dessen eine Seite durch eine Glaswand im Querschnitt zu betrachten ist. So kann man die Fische bestaunen. Im Palmenhaus blühen Orchideen, Europas größte Hibiskus-Sammlung und natürlich Palmen.

Sport

Radfahren Am Energiatér an der Kreuzung der beiden Gehwege Csík Ferenc sétány und Erzsébet királyné sétány gibt es einen Infopunkt für Fahrradfahrer. Hier sind auch Werkzeug, Fahrradpumpe und Fahrradkarten vorhanden. ■ 15. Juni–Aug. Mo–Fr 9–19, Sa, So 9–16, Sept.–14. Juni Mo–Fr 9–17, Sa 9–13 Uhr

18 Fonyód

Gute Aussichten und beste Einkaufsmöglichkeiten direkt am Balaton

Information

■ Tourinform, Ady Endre utca 17., 8640 Fonyód, Tel. 20/9597317

Heute kann man sich nur schwer vorstellen, dass Fonyód einmal eine Insel war. Auf Landkarten aus dem 16. Jh. ist zu sehen, dass der Ort wegen des damals hohen Wasserstands des Balaton von Wasser umgeben war. Noch bis ins 18. Jh. sprach man von der 4800-Einwohner-Stadt als Insel. Heute lässt sich hier allerlei unternehmen, egal ob Ihnen nach Strand, Ausflügen zu Aussichtspunkten oder Shopping ist.

Sehenswert

Kripta Villa
| Architektur |
Die Villa Kripta hat eine interessante Architektur im mediterranen Stil, doch das eigentlich Spannende ist die tragische Liebesgeschichte, die dahintersteht: Gebaut wurde die Villa 1941 vom Apotheker Ödön Abrudbányai-Rédinger in Gedenken an seine nur drei Wochen vor der Hochzeit verstorbene Braut Magdus. 30 Jahre trauerte er um sie, bis er mit dem Bau begann. In der aus Stein gemeißelten Krypta der Villa befindet sich der Beweis für Ödöns ewige Liebe für Magdus: eine steinerne Skulptur des ruhenden, Händchen haltenden Paares. Wer sich über dem steinernen Paar an der Hand fasst, dessen Liebe soll für immer halten.
■ József utca 16., nur Mai–Sept. 10–21 Uhr, 300 HUF

Einkaufen

5 **Fonyódi piac** Auf dem größten Markt des Südufers gibt es Obst und Gemüse, Fleisch, Käse, selbst gemachte Marmelade, das berühmte ungarische Paprikagewürz, Blumen und Pflanzen, Kunsthandwerk, Kleidung und Elektrowaren. Auf dem angeschlossenen Antiquitätenmarkt findet sich auch wertvolles ungarisches Porzellan von Zsolnay und Herend. ■ Piac, Zugang entweder von der Blaha Lujza utca oder der Vasas utca, Juni–Aug. 5–16, Sept.–Mai 6–14 Uhr jeweils Mi und Sa

19 Balatonboglár

Facettenreicher Ort mit Wohlfühlgarantie am Südufer des Plattensees

Information

■ Tourinform, Erzsébet utca 14., 8630 Balatonboglár, www.balatonboglar.hu

Dafür, dass in »Boglár«, wie das Städtchen abgekürzt wird, nur knapp 6000 Einwohner leben, gibt es hier ganz schön viel zu unternehmen. Mehrere Strände locken zum Sonnenbaden und Spazierengehen, ein kleiner Kletterpark bietet Action, und der Panorama-

Baden im Balaton ist vielerorts möglich, zum Beispiel in Fonyód

blick von der Aussichtskugel auf den türkis glitzernden See ist umwerfend.

Sehenswert

Temető-domb

| Friedhofshügel |

6 *Verträumtes Juwel, das zum Entdecken einlädt*

Entgegen dem Namen Friedhofshügel ist der Temető-domb ideal für einen romantischen Spaziergang: Auf dem Hügel finden sich zwei kleine, wunderschön renovierte Kapellen, die Ruine einer dritten, historische alte Gräber und allerhand Rosen und Lavendel. Die auf der westlichen Seite des Hügels stehende rosafarbene Kapelle heißt kurioserweise »rote Kirche«. Sie wurde, genauso wie die nur wenige Schritte entfernte blaue Kapelle, im 19. Jh. im neugotischen Stil errichtet. Einige Meter hügelaufwärts befindet sich die Ruine einer dritten Kapelle – daneben können Sie sich auf drei Bänken ausruhen. Sie tragen die Aufschriften »hit« (Glaube), »remény« (Hoffnung) und »szeretet« (Liebe).

■ Kápolna utca 8.

Gömbkilátó

| Aussichtspunkt |

Die Aussichtskugel in 165 m Höhe werden Sie sicher schon von unten aus gesehen haben, sie ist das Wahrzeichen Boglárs. Man betritt das Konstrukt über einen Steg und gelangt dann über Treppen auf die eigentliche Aussichtsplattform. Von hier aus bieten sich wundervolle Ausblicke auf den Plattensee und das Nordufer.

■ Kilátó utca, tgl. 10–18 Uhr, 300 HUF

Vejtey-Ferenc-Strand

| Badestrand |

Man liegt auf dem Rasen und hat über Treppen Zugang zum Wasser. Viele Schatten spendende Bäume, ein Spielplatz und einzelne Umkleidekabinen sind vorhanden. Auch schön für stimmungsvolle abendliche Spaziergänge!

■ Vejtey Ferenc sétány, Eintritt frei

Die Touristenhochburg Siófok am Südufer des Balaton bietet auch ruhigere Ecken

Restaurants

€€ | Pavilon Das Lokal ist ein Geheimtipp: Früher waren hier Rezeption und Mensa eines »üdülő« (im Sozialismus geschaffene betriebliche Sommerfrische) untergebracht, und auch heute hat das Restaurant noch den Charme der 70er-Jahre, allerdings farbenfroh aufgemischt. Es gibt authentische italienische Gerichte wie Pizza und Pasta, aber auch hervorragende Salate. Tipp: Abends Mückenschutz mitnehmen. ■ Kodály Zoltán utca 45-49., Tel. 30/ 8551564, Mai–Sept. tgl. 12–21 Uhr

20 Siófok

Beliebter Badeort und Hafenstadt am Südufer des Balaton

Information

■ Tourinform, Fő tér 11. (am Fuß des Wasserturms), 8600 Siófok, www.hellosiofok.hu

Bekannt ist Siófok vielen als Partyhochburg des Plattensees. Dabei hat das 25400-Einwohner-Städtchen mehr zu bieten als feuchtfröhliche Feiern, und es lässt sich auch leicht etwas ruhiger Spaß haben. Kilometerlange Strände laden zum Verweilen ein, die gepflegte Innenstadt zur Erkundung und zahlreiche Restaurants zum Schlemmen.

Sehenswert

Siófoki Evangélikus Templom
| Kirche |
Wenn Siófoks evangelische Kirche das erste Werk des berühmten ungarischen Architekten Imre Makovecz ist, das Sie sehen, wirkt der Bau zunächst vielleicht etwas überwältigend. Der 2011 verstorbene Budapester war zu Lebzeiten ein Repräsentant der organischen Architektur, quasi der (wenn auch weniger innovative) Antoni Gaudí Ungarns. Eingeweiht wurde die aufgrund ihrer Form auch »Das Schiff Christi« genann-

te Kirche 1990. Beim Bau wurde Holz aus Siófoks finnischer Partnerstadt Oulu verwendet. Der Gottesdienst findet sonntags um 10 Uhr statt.

■ Fő utca 220., Mo–Sa 10–12, Mo, Fr, Sa auch 16–18 Uhr

Kinder

Zamárdi Kalandpark Spiel, Spaß und Aufregung erwartet Kinder im Abenteuerpark des kleinen Ortes Zamárdi, nur 7,7 km von Siófoks Innenstadt entfernt. Hier gibt es 18 Hindernisparcours, einen Kletterpark, eine Kindereisenbahn, ein Labyrinth und mehrere Wasserspiele. ■ Siófoki út, 8621 Zamárdi, Tel. 20/4496831, www.zamardikalandpark.hu, Öffnungszeiten je nach Wetter ca. Ostern bis Spätherbst (Ende Okt.), 5200 HUF

21 Székesfehérvár

Stadt in Seenähe mit langer Geschichte und viel Charakter

Information

■ Tourinform, Oskola utca 2-4., 8000 Székesfehérvár, Tel. 22/537261, www.facebook.com/tourinform.szekesfehervar

Man sieht es der heute ca. 96000 Einwohner zählenden Stadt nicht mehr überall an, doch Székesfehérvár (dt.: Stuhlweißenburg, lat.: Alba Regia) ist eine der ältesten Ortschaften Ungarns. Bereits im 5. Jahrtausend v. Chr. sollen hier Menschen gelebt haben. Heute hat die Stadt kulturell einiges zu bieten, während man zur Entspannung zwischen dem nur knapp 30 km westlich gelegenen Plattensee oder dem etwa 15 km gen Osten gelegenen seichten Velencer See (Velencei-tó) wählen kann.

Sehenswert

Bory-vár

| Burg |

7 *Die Steine der Burg erzählen eine rührende Liebesgeschichte*

Die Bory-Burg wird auch als »Taj Mahal von Székesfehérvár« bezeichnet. Warum? Nun, der Erbauer, Jenő Bory, errichtete den Gebäudekomplex gemeinsam mit seiner Gattin, der Malerin Ilona Komócsin, aus Liebe zu ihr und seiner Familie, mit der er gemeinsam in der Burg lebte. Der Bau begann 1923 und dauerte rund 41 Jahre. Heute gibt es hier mehrere schöne Gärten zu sehen, eine Kunstgalerie, eine Kapelle und mehrere Türme.

■ Máriavölgy út 54., Tel. 22/305570, www.bory-var.hu/de, 4., 5. Jan. 9–16 Uhr, dann wieder 11., 12. Jan. 9–16, 13. Jan.–Ende Feb. Mo–Fr 9–15, Sa, So 9–16, März–Dez. tgl. 9–17 Uhr, 1500 HUF

In der Umgebung

Gorsium Régészeti Park

| Ausgrabungsstätte |

Etwa 16 km gen Südwesten stoßen Sie in Tác auf Gorsium-Herculia, eine archäologische Fundstätte, die zur Zeit der Römer einen wichtigen Handelsknotenpunkt zwischen dem Platten- und dem Velencer See darstellte. Heute gibt es hier Ruinen aus der Römerzeit zu sehen und Ausstellungen zur Geschichte des Ortes. Ende April wird im Gorsium ein großes Frühlingsfest, das Floralia, begangen.

■ Anfahrt über den Gorsiumi út, www.gorsium.org, April–Okt. Di–So 10–18, Nov.–März Di–So 8–16 Uhr, 1200 HUF

Übernachten

Bei der Frage, wo Sie am Plattensee übernachten sollten, kommt es darauf an, was Ihre Pläne vor Ort sind. Wenn Ihnen nach Ausspannen und Baden ist, haben Sie die Qual der Wahl, denn das kann man überall am Balaton. Am Nordufer sind die Strände überwiegend kostenpflichtig, dafür aber gut ausgestattet (Umkleidekabinen, Toiletten, Schließfächer). Besonders gepflegt sind sie in Tihany und Balatonfüred, aber auch im südlichen Balatonboglár können Sie wunderbar am Ufer entspannen. Der Kurort Hévíz lockt dafür mit dem größten Thermalsee der Welt. Wenn Ihnen der Sinn nach Aktivurlaub steht, können Sie sich z. B. im Káli-Becken austoben.

Veszprém 36

€€ | **Hotel Historia Malomkert Veszprém** Charmantes Boutiquehotel in ruhiger, dennoch zentraler Gegend. Elf Zimmer, davon eines barrierefrei. Unterbringung von Kindern bis zu zwölf Jahren kostenfrei – Babybett und Hochstuhl können gestellt werden. Klimaanlage, Restaurant und Parkplatz vorhanden. ■ Fenyves utca 15., 8200 Veszprém, Tel. 88/579230, www.hotelmalomkert.hu/de

Tihany 38

€ | **Zorka Apartman Tihany** Anspruchsvolle Unterkunft auf einem Hügel mit netten Gastgebern. Zimmer und Apartments mit Seeblick vorhanden. Für Kinder bis sechs Jahre kostenlos. Klimaanlage und gratis Parkmöglichkeiten. ■ Felsőkopaszhegyi utca 1., 8237 Tihany, Tel. 20/4427922, zorkaapartman@gmail.com

Káli-Becken 39

8 €€ | **Káli Art Inn** Wenn Sie so richtig abschalten wollen, ist das Káli Art Inn die passende Wahl. Die Gebäude des heimeligen Hotels stammen aus dem 17.–18. Jh. Seither wurde es traumhaft hergerichtet. Heute kann man hier zwischen 15 individuell eingerichteten Standard- und Boutique-Zimmern sowie Apartments wählen, es gibt einen tollen Garten mit Swimmingpool, eine Sauna und ein Restaurant mit Frühstück und Abendessen, in dem nur das Beste aus der Region auf den Tisch kommt. ■ Fő utca 8., 8274 Köveskál, Tel. 30/922 8715, www.kaliartinn.hu

Hévíz 40

€ | **Kaktusz Villa** Sieben saubere Apartments, gemeinsame Aufenthaltsräume und ein Frühstücksbereich mit süßer Kaktusdeko. Kinder bis zu vier Jahren dürfen ohne Zuzahlung mitkommen, Hunde gegen einen geringen Aufpreis mitgebracht werden. Kostenlose Parkmöglichkeiten. Klimaanlage vorhanden. Es wird Deutsch gesprochen. Der Weinkeller von Egregy und der Thermalsee sind jeweils nur wenige Gehminuten entfernt. ■ Attila utca 116., 8380 Hévíz, Tel. 83/340922, www.kaktuszvillaheviz.hu/de

€€ | Apartmenthaus Takács Behindertengerechte, saubere Unterkunft mit vielen Holzdetails in angenehmer Wohngegend nur 1,4 km vom Thermalsee entfernt. Garten mit Spielmöglichkeiten für Kinder (bis fünf Jahre kostenloser Aufenthalt). Überdachter Pool, Sauna, Jacuzzi und Massage-Angebote. Klimaanlage und Parkplätze vorhanden. In der Unterkunft wird Deutsch gesprochen. ■ Kisfaludy utca 30., 8380 Hévíz, Tel. 83/34 12 43, www.takacs.hu/de

Keszthely 41

€€€ | Belvárosi Kertesház Keszthely Die Unterkunft »Haus mit Garten in der Innenstadt« ist jeden Forint wert. Es handelt sich um ein 115 m² großes, komplett renoviertes Stadthaus mit wunderschönem Garten mit Grill und Sonnenliegen mitten in der Altstadt. Bis zu vier Personen haben hier Platz. WLAN, kostenlose Parkmöglichkeiten und geschützte Fahrradstellplätze vorhanden. Tolle Einrichtung. ■ Bakacs utca 4., 8360 Keszthely, Tel. 30/684 37 35 u. 30/253 16 82, www.belvarosi-kerteshaz-keszthely.business.site

Fonyód 42

€ | Sirály Apartman Fonyód In diesem 54 m² großen, kinderfreundlichen Apartment haben in zwei Schlafzimmern (ein Doppelbett und zwei Einzelbetten) insgesamt bis zu vier Personen Platz. Die Unterkunft ist mit nautischen Details hübsch dekoriert und sauber, und es gibt eine Terrasse. Die nächste Bademöglichkeit, der Bélatelepi-Strand, ist 500 m entfernt. Außer Ungarisch sprechen die Gastgeber auch Englisch. Klimaanlage und Parkplätze vorhanden. ■ Sirály köz 2., 8640 Fonyód, Tel. 30/366 76 29

Balatonboglár 42

€€ | Szőlőkislak In der Unterkunft von Géza Légli erwartet Sie ein freundlich gestaltetes, komplett renoviertes Lehmhaus für vier Personen; es gibt eine Terrasse, und gegen Aufpreis kann Frühstück bestellt werden. Géza ist Winzer und stellt auf dem Gelände den Légli-Wein her, der in ganz Ungarn einen guten Ruf genießt. Sein Bruder Attila ist Keramiker und unterhält vor Ort eine Töpferei. Keramik und Wein sind in der Unterkunft erhältlich. ■ Fő utca 44., 8691 Balatonboglár, Tel. 30/869 19 44, www.kislaki.com

Siófok 44

€€ | Jókai Villa Siófok Wenn Sie sich etwas gönnen wollen, sind Sie in der Villa Jókai genau richtig. Die anspruchsvolle Unterkunft bietet ein breites Wellnessangebot von der Sauna übers Dampfbad bis hin zu Massagen. Klimaanlage vorhanden. Gegen Aufpreis kann auf dem geschlossenen Parkplatz das Auto abgestellt werden. ■ Batthyány utca 2., 8600 Siófok, Tel. 30/981 08 10, www.jokaivilla.com

Székesfehérvár 45

€ | Hotel Vadászkürt Székesfehérvár Praktisch gelegenes, sauberes Hotel. Für Familien besonders geeignet ist das Standard Family Apartment mit Schlafgalerie. 24-Std.-Rezeption, es wird auch Deutsch gesprochen. Geschützte Gratis-Parkplätze. ■ Móricz Zsigmond utca 1., 8000 Székesfehérvár, Tel. 22/50 75 14, www.jagerhorn.hu

Transdanubisches Hügelland

Die Hügel im »Land jenseits der Donau« sind Zeugen historischer Schlachten, blicken aber auch auf eine lange Weinbautradition zurück

Schon zur Römerzeit wurde im Transdanubischen Hügelland Wein angebaut, mit Villány und Szekszárd befinden sich gleich zwei der größten Weinregionen des Landes hier. Obwohl die Niederlagen in den Türkenkriegen in Szigetvár und Mohács die Ungarn schmerzen, sind sie heute umso stolzer auf diese beiden Städte, die Besucher aus aller Welt anziehen. Der Türkisch-Ungarische Freundschaftspark bei Szigetvár schlägt Brücken zwischen den Völkern, und der Buschogang (Karneval) in Mohács zählt zum UNESCO-Welterbe.

Die Hauptattraktion der Region ist Pécs mit seinen mediterran anmutenden Straßen, altchristlichen Grabkammern (ebenfalls Weltkulturerbe), mittelalterlichen und türkischen Monumenten sowie dem Kulturviertel Zsolnay. Die Blumenstadt Kaposvár ist mit mehr als 300 eklektischen und Jugendstilgebäuden einzigartig in Europa. Die Region bietet zudem spektakuläre historische Denkmäler und Burgen wie die Burg Szigetvár und das Schloss Festetics. Naturfreunde schätzen den Skulpturenpark im alten Steinbruch von Villány und die ausgedehnten Wälder im Mecsek-Gebirge.

In diesem Kapitel:

ADAC Top Tipps:

5 **Zsolnay Negyed, Pécs**
| Kulturzentrum |
Die Geschichte der faszinierenden Porzellanmanufaktur kann man im schön hergerichteten Zsolnay-Viertel hautnah erleben. 58

ADAC Empfehlungen:

9 **Abaligeter Höhle, Mecsek-Gebirge**
| Tropfsteinhöhle |
Die Tropfsteinhöhle mit Bach und Fledermaus-Population wurde 1768 entdeckt. 55

(10) Weinstraße, Villány
| Weinkeller |
Weinproben in der »Stadt der Trauben und Weine«. 59

(11) Busójárás, Mohács
| Volksfest |
Karnevalsumzug mit mal furchteinflößenden, mal witzigen Masken, einst um die Osmanen zu verjagen – heute nur den Winter. 62

(12) A Kávé Háza, Szekszárd
| Kaffeehaus |
Hier werden Kaffees serviert und verkauft, Wettbewerbe ausgerichtet und eigene Barista ausgebildet. 62

(13) Páskom Cottage, Lajoskomárom
| Hotel |
Geschmackvolle Unterkunft in ruhiger, familiärer Umgebung. 64

22 Dég

Herrschaftliches Schloss inmitten des größten Landschaftsgartens Ungarns

Information

■ Bürgermeisteramt Dég, Kossuth Lajos utca 17., 8135 Dég, degpmh@dielnet.hu

Die Besiedlung von Dég begann mit der Errichtung des prachtvollen Schlosses. Das 1810–15 erbaute Herrenhaus liegt malerisch in einem unter Naturschutz stehenden englischen Park. Ab 2008 wurde das nach dem Zweiten Weltkrieg verstaatlichte Anwesen umfassend renoviert.

Sehenswert

Schloss Festetics
| Schloss |
Das klassizistische Schloss besitzt ungewöhnliche Merkmale, z.B. einen ovalen Festsaal, der nicht zentral im Mittelteil, sondern in einer der Ecken angesiedelt ist. Es gilt als geheimes Zentrum der ungarischen Freimaurerei, da dort seit über einem Jahrhundert die Archive der ungarischen Freimaurer aufbewahrt werden und der Erbauer Antal Festetics selbst Freimaurer war. Während des Zweiten Weltkriegs diente es als deutsches Lazarett. Umgeben wird das Schloss von einem 300 Hektar großen Landschaftsgarten, einem der größten in Mitteleuropa. Er wurde 1813–20 am Zusammenfluss von drei Bächen im englischen Stil angelegt.
■ Hunyadi János utca 11., wg. Renovierung erst ab 2020/21 geöffnet, Schlossgarten solange teils gesperrt, Infos: Schlossverwaltung, huntrust@mag.hu, da unbeleuchtet, Ankunft bis 16 Uhr, Eintritt Park 400 HUF

23 Kaposvár

Die Stadt zieren nicht nur schöne Bauten, sondern auch unzählige Blumenbeete

Information

■ Tourinform, Fő utca 8., 7400 Kaposvár, Tel. 82/51 29 21, www.tourinform kaposvar.hu

Das Gebiet um Kaposvár war schon um 5000 v. Chr. bewohnt, zugleich war die Stadt zu Beginn des 20. Jh. eine der wenigen in Ungarn mit städtischer Wasserleitung und Strom- statt Gasbeleuchtung. Nach dem Ersten Weltkrieg wurden mehrere Stadtparks eröffnet und die Bewegung »Blumiges Kaposvár« gestartet, in deren Rahmen nicht nur vor Privathäusern, sondern auch auf öffentlichen Straßen und Wegen Blumenbeete angelegt wurden.

Sehenswert

Kossuth tér
| Hauptplatz |
Die Innenstadt Kaposvárs erlangte Anfang des 20. Jh. ihre heutige Form. Wichtige und schöne Gebäude wie das

ADAC Spartipp

Fahrkarten vorab kaufen! Wie in fast allen Städten in Ungarn, ist auch bei der Verkehrsgesellschaft Kaposvár das Ticket vom Automaten oder Schalter günstiger als direkt beim Busfahrer. In Kaposvár kann man beim Kauf vorab (270 HUF; beim Fahrer 400 HUF) bei zwei Tickets schon den Preis des dritten einsparen.

Kaposvárs Hauptstraße, die Fő utca, ist eine mit Blumen geschmückte Prachtstraße

Rathaus, die Kathedrale und das Hotel Kapos wurden damals erbaut. Die Hauptstraße (Fő utca) wurde 1987 autofrei, der Kossuth-Platz als Fortsetzung der Spazierstraße 2003 rundum erneuert und wie eine Prachtstraße mit Zierummantelungen und -leuchten sowie einer Springbrunnenanlage hergerichtet.

Villa Rippl-Rónai

| Museum |

Das Ferienhaus gelangte 1908 in den Besitz des ungarischen Malers József Rippl-Rónai. Zuvor hatte es seit 1868 einem Budapester Opernsänger gehört, der ihm seinen Beinamen »Römische Villa« gab. Das heutige Museum spiegelt mit den Möbeln und eigenen Gemälden Rippl-Rónais den früheren Zustand authentisch wider. Die Umgebung war immer wieder Thema in dessen Kunst. Im Park der Villa wird seit 2014 jeden Frühling im Rahmen des Narzissenfests das Erblühen von fast 20 000 Narzissen, der Lieblingsblume des Malers, gefeiert.

■ Fodor József utca 35., www.ripplronaiemlekhaz.smmi.hu/en, Nov.–März Di–So 10–16, April–Okt. 9–17 Uhr, 1600 HUF, erm. 800 HUF, Familie 2800 HUF

Restaurants

€€ | Hansdonner Beers & Brewpub

Das nach dem einstigen lokalen Braumeister János Donner benannte Lokal serviert auf Bier abgestimmtes Essen, u. a. Rinder- und Lamm-Burger oder in Bier gekochte Haxe. Ein Highlight ist das eigene glutenfreie Pils. Ab zehn Personen werden Brauereibesuche mit Verkostung (auf Englisch oder Deutsch) angeboten. ■ Noszlopy Gáspár utca 6., Tel. 30/889 16 90, www.hansdonner.hu, Di–Do 10–24, Fr 10–2, Sa 16–2 Uhr

Kinder

Katica Tanya Etwa 20 km von Kaposvár befindet sich auf einem 12 Hektar großen Gebiet mit dem Katica-Gehöft (»katica« = Marienkäfer) ein Erlebnisparadies: Es bietet zahlreiche Aktivitäten für Jung und Alt, u. a. Spielplatz und -haus, Wasser- und Rutschenpark, Kletterwände, Gokarts, Drahtseilbahn und Reitmöglichkeiten. ■ Parzellennr. 025, 7477 Patca, www.katicatanya.hu, Di–Fr 10–18, Sa 9–19, So 9–18 Uhr, Preise auf Anfrage (z. B. Tagesticket zwei Erw. und ein Kind ohne Verpflegung 6510 HUF)

24 Szigetvár

Einst ein Schlachtfeld, heute ein Ort der türkisch-ungarischen Freundschaft

Information

■ Tourismusverband »Zrínyi 1566«, Zrínyi tér 3., 7900 Szigetvár, Tel. 73/31 18 02, www.tdmszigetvar.hu/de

Auf einem inselartigen Landstreifen im Sumpfgebiet des Alma-Baches wurde die Burg erbaut, die 1566 Schauplatz einer bedeutenden Schlacht war: Unter dem Kommando von Hauptmann Miklós Zrínyi leisteten die zahlenmäßig unterlegenen Ungarn 34 Tage lang der osmanischen Belagerung Widerstand. Beim Ausbruch aus der Burg starben Zrínyi und seine Soldaten den Heldentod. Nach ihrem Sieg errichteten die Osmanen hier einige schöne Bauten, etwa die Moscheen (ung. »dzsámi«) von Sultan Suleiman und Ali Pascha (Letztere wurde zur Kirche umgebaut). Auf dem Schlachtfeld am Stadtrand wurde 1994 der Park der ungarisch-türkischen Freundschaft angelegt.

Sehenswert

Szigetvári vár
| Burg |
Die Burg wurde um 1420 vom Gutsherrn Oszvald Anthini (Szigeti) erbaut. Im Laufe der Jahrhunderte entstand hieraus das Befestigungssystem von Szigetvár, das anfangs auch die Siedlung selbst umfasste. Nach der Schlacht von 1566 wurde die Festung von den osmanischen Eroberern wieder aufge-

Im Blickpunkt

Der Lautenspieler Sebastian von Tinód

Das im 15. Jh. mit der Burg befestigte Inselgut Szigetvár war nicht nur als Militär-, sondern auch als kulturelle Basis bedeutend: Bis 1542 lebte und wirkte hier Sebestyén Tinódi Lantos, der Schöpfer des ungarischen historisch-epischen Gesangs, an den heute eine Statue bei der Burg erinnert. Die Eroberung von Buda durch die Osmanen und die Kriegsgefangenschaft seines Szigetvárer Herrn bedeuteten für ihn eine Wende, denn von dort an verfasste er politische Dichtungen über die Notwendigkeit des entschlossenen Kampfes gegen die Osmanen. Er zog später mehrmals im Königreich Ungarn um. Vielerorts erfuhr man nur aus seinen Liedern glaubhafte Informationen über Ereignisse in weiter entfernten Landesteilen. So war der Lautenspieler ein mittelalterlicher Berichterstatter.

Die Mauern von Szigetvár konnten einst die Osmanen nicht zurückhalten

baut und mit dicken hohen Mauern befestigt. Ende des 18. Jh. verlor die Burg, zwischenzeitlich in Besitz der Habsburger, an militärischer Bedeutung. In den 1950er-Jahren begann ihre Nutzung zu touristischen Zwecken.

■ Vár utca 19., www.tdmszigetvar.hu/de/hely/die-burg, Mai–Sept. tgl. 9–18, Okt.–April Di–So 9–16 Uhr, 1850 HUF, erm. 1250 HUF, Familie 5000 HUF

Zrínyi tér

| Hauptplatz |

Der Zrínyi-Platz ist der schönste der Stadt. Hier stehen die aus einer Moschee entstandene Kirche des heiligen Rochus, die Löwenskulptur, das Rathaus und natürlich ein Denkmal des namengebenden Feldherrn. Der im Jahr 2000 eröffnete Zsolnay-Trinkbrunnen steht neben dem Platz in der Rókus-Gasse (Rókus köz).

Kirche des hl. Rochus

| Freske |

Nach der Vertreibung der Osmanen wurde die 1588–89 errichtete Ali-Pascha-Moschee in eine römisch-katholische Pfarrkirche umgebaut und 1788 dem hl. Rochus geweiht. Im Inneren befindet sich ein monumentales Fresko über die Eroberung und Befreiung von Szigetvár.

■ Zrínyi tér 9., Besuch in der Burg anmelden

Türkisches Haus

| Museum |

Das Türkische Haus, auch »Karawanserei« genannt, wurde im 16. Jh. erbaut und ist das einzige verbliebene Wohnhaus aus der Zeit der osmanischen Besatzung. Ein Museum erzählt davon.

■ Bástya utca 3., Tel. 73/31 01 21, Mai–Sept. tgl. 9–17, Okt.–April Di–So 10–15 Uhr, 500 HUF (mit Burgticket frei)

In der Umgebung

Türkisch-Ungarischer Freundschaftspark

| Gedenkstätte |

Der Türkisch-Ungarische Freundschaftspark wurde 1994 zum Gedenken an die Versöhnung beider Völker an der Stelle errichtet, wo sich ursprünglich eine riesige Bronzeskulptur von Suleiman und sein symbolisches Grab befanden. Der Park wird nun von den großen Reliefporträts von Sultan Suleiman und Hauptmann Miklós Zrínyi dominiert. Hinter dem Statuen-Paar wurde das türbenförmige Kenotaph des Sultans platziert.

■ Gemeinde Csertő, ca. 3 km von Szigetvár entlang der Hauptstraße 67 in Richtung Kaposvár, www.facebook.com/magyartorokpark, ganzjährig, Eintritt frei

25 Mecsek-Gebirge

Ein Mekka sowohl für Wanderer und Naturliebhaber als auch für Burgfreunde

Information

■ Tourinform Ost-Mecsek, Fürdő utca 10., 7333 Kárász, Tel. 72/67 13 04, www.keleti-mecsek.hu

■ Tourinfrom Pécsvárad, Vár utca 45., 7720 Pécsvárad, Tel. 72/67 29 40, pecsvarad@tourinform.hu

Der Mecsek ist ein rund 45 km langer Gebirgszug in Südungarn. Einige seiner Gipfel erreichen über 600 m. Von ihnen aus kann man bei optimalen Verhältnissen bis nach Kroatien bzw. zu den Weinbergen in Villány sehen. Auf einigen Bergkuppen thronen Burgen, z. B. bei Pécsvárad. Im Mecsek gibt es zudem mehrere Tropfsteinhöhlen.

Sehenswert

Hidasi-Tal

| Flusstal |

Das Hidasi-Tal ist ein malerisches Flusstal im östlichen Mecsek. Mal verläuft der Bach parallel zu den vielerorts treppenförmigen Gesteinsschichten, mal fließt er diagonal darüber hinweg, an anderen Stellen bildet er kleinere Wasserfälle. Den großartigsten Anblick bietet der Csurgó, ein Wasserfall, der aus dem 6 m hohen Höhenunterschied des Köves-Baches entstand.

■ Ab Pusztabánya ca. 1 km den blau markierten Wanderweg entlang, ab Zobákpuszta ca. 2 km den mit »K« markierten Wanderweg entlang

Pécsvárad

| Burg |

Das mittelalterliche Pécsvárad liegt am Hang des Berges Zengő. Die im 13. Jh. als Kloster errichtete Burg gehört zu Ungarns bedeutendsten Baudenkmälern aus dem Mittelalter. Am besten

ADAC Wussten Sie schon?

Der Legende nach wurde die Braut des ungarischen Burschen **Zsongor** von dem türkischen Pascha, der in der Burg auf dem Jakobsberg lebte, geraubt und in der Burg gefangen gehalten. Eines Nachts gelang es Zsongor, seine Geliebte zu befreien. Sie flohen, doch die Verfolger holten das junge Paar ein und umzingelten es auf der Felsformation vor dem Abgrund. Zsongor und seine Braut stürzten sich daraufhin von dem Felsen in die Tiefe, daher wird der Felsen »Zsongor-Stein« genannt.

erhalten blieben der alte Bergfried (heute ein Hotel), das 15 m lange Schiff der Stiftskirche und der mit Fresken geschmückte Chor.

■ Kossuth tér 1./Vár utca 45., www.pecsvaradivar.hu/de, tgl. 9–20 Uhr, 700 HUF, erm. 350 HUF, Familie 1700 HUF, deutsch-/englischsprachige Führung (Registrierung vorab) 5000 HUF

Jakobsberg

| Aussichtspunkt |

Der Jakobsberg ist mit 602 m der höchste Berg des westlichen Mecsek. Spektakuläre Ausblicke bieten der Aussichtsturm István und der Zsongor-Stein (Zsongorkő) – der Fels in 540 m Höhe ist einer der bedeutendsten und schönsten Aussichtspunkte des Mecsek-Gebirges.

■ Entweder von Kővágószőlős oder vom Éger-Tal in Pécs aus erreichbar, GPS-Daten: N 46° 5' 34.9008" O 18° 8' 19.1004"

Abaligeter Höhle

| Tropfsteinhöhle |

9 *Höhle mit eiskaltem Bach und geschützten Fledermausarten*

Die berühmte, auch »Paplika« genannte Tropfsteinhöhle bei Abaliget wurde 1768 entdeckt. Sie besteht aus einer 5–6 m breiten, 38 m langen und stets 3–4 m hoch mit Wasser gefüllten Eingangshöhle, unter der aus einer Spalte ein eiskalter Bach fließt, sowie aus der inneren, 950 m langen Haupthöhle mit herrlichen Tropfsteingebilden. In der Höhle sind 41 verschiedene Fledermausarten zu Hause. Die Temperatur im Innern beträgt immer 12–13 °C, daher warm anziehen.

■ GPS-Daten: N 46° 8' 25" O 18° 7' 0", www.abaligetibarlang.hu, 15. März–15. Okt. tgl. 9–18, 16. Okt.–14. März 10–15 Uhr im Rahmen von Gruppenführungen (Audioguides auf Deutsch), 1200 HUF, erm. 1000 HUF, gratis Parkplatz vor der Höhle

Gefällt Ihnen das?

Höhlenfans kommen in Ungarn auch anderswo auf ihre Kosten, etwa im **Aggtelek-Nationalpark** (S. 89) und im **Pilis-Gebirge** (S. 111).

Restaurants

€€ | **Almalomb** Das Lokal, das sich selbst auch »Kulinarischer Umweg und Treffpunkt« nennt, befindet sich in einer alten Wassermühle. Ausgewählte Leckerbissen für Fleischliebhaber wie Vegetarier, saisonal wechselnde Speisekarte. Einige der hausgemachten Produkte – Brot, Nudeln, Paprikapulver oder Wein – können auch zum Mitnehmen erworben werden. ■ Ormándi utca 19., 7694 Hosszúhetény, Tel. 072/79 36 80, www.almalomb.com, Mi, Do 12–21, Fr, Sa 12–22, So 12–16 Uhr

Erlebnisse

Eine gemeinsame, fast 300 Jahre alte Tradition von Zengővárkony und Pécsvárad ist der **»Mädchenmarkt«**: der alte Brauch, Mädchen und Jungen beim Markt einander vorzustellen. Hierzu gehören bis heute traditionelle Volksensembles, Marschtänze, eine Galashow und ein Markt der Volkskunst. Der Markt wird alle zwei Jahre veranstaltet (nächstes Mal 2021), da er sich mit einem anderen Volksfest, der **Kastanienernte** am Fuße des Zengő abwechselt. ■ Szentháromság tér, 7720 Pécsvárad, im jährl. Wechsel am 18. Okt. oder am darauffolgenden Samstag, pecsvaradileanyvasar@gmail.com

26 Pécs

Malerisch gelegene, kulturell vielseitige Stadt der Kontraste

Der Széchenyi tér weckt Erinnerungen an die osmanische Vergangenheit der Stadt

Information

- Tourinform, Széchényi tér 7., 7621 Pécs, www.pecs.hu
- Parken: siehe S. 58

Historie und Moderne, Ost und West, Tradition und Fortschritt – in Pécs am Rand des Mecsek-Gebirges treffen viele Gegensätze aufeinander. Das macht die 142000-Einwohner-Stadt spannend. Dennoch umgibt Pécs eine beinah mediterran anmutende Ruhe.

Die meisten Sehenswürdigkeiten haben mit der bewegten Geschichte der Stadt zu tun, deren Ursprünge bis ins 2. Jh. zurückreichen. So hinterließ die Herrschaft der Osmanen, die von 1543 bis 1686 anhielt, starke, bis heute sichtbare Spuren im Stadtbild.

Sehenswert

1 Széchenyi tér

| Platz |

Wenn Sie den auf einer Anhöhe liegenden Platz von der östlich verlaufenden Spazier- und Einkaufsstraße Király utca her betreten, ist Ihnen ein »Wow«-Moment garantiert: Neben dem Pécsi Dzsámi stehen hier weitere wunderschöne Gebäude wie das Rathaus, das Hotel Nádor und der Eosin-glasierte Zsolnay-Brunnen. Komponieren Sie nun

Plan
S. 58

noch die Reiterstatue von János Hunyadi mit aufs Bild und Sie haben ein perfektes Postkartenmotiv!

2 Pécsi Dzsámi

| Kirche |

Wie auf einer Bühne thront auf dem Széchenyi tér die einstige Pascha-Gazi-Kasim-Moschee, die heutige Pfarrkirche der Mariä Lichtmess. Bis heute verrät das Äußere der katholischen Kirche (offizieller Name: Gyertyaszentelő Boldogasszony templom) ihre Vergangenheit als türkisches Gotteshaus, und auch im Inneren gibt es Überbleibsel aus der Zeit der Osmanenherrschaft, z. B. die nach Mekka ausgerichtete Mihrab (Gebetsnische) und kalligrafische Koranzitate an den Wänden.

■ Hunyadi út 4., www.pecsiegyhazmegye.hu/de, Mo–Sa 9–17, So 13–17 Uhr, 1900 HUF, Familie 3500 HUF

3 Cella Septichora und frühchristliche Gräber

| Spätrömischer Friedhof |

Rund um den Sétatér erstreckt sich eine spätrömische Nekropolis aus dem 4. Jh., die zum UNESCO-Weltkulturerbe zählt. Im Besucherzentrum lassen sich neben der Cella Septichora selbst – dem größten Gebäude des frühchristlichen Friedhofs – sieben weitere Grabstätten erkunden. Manche sind mit wunderbaren Malereien verziert, z. B. das Mausoleum mit seinem Lebensbaum an der Nordwand.

■ Sétatér, www.pecsorokseg.hu/de, Besucherzentrum u. Mittelalterliche Universität: April–Okt. Di–So 10–18, Nov.–März Di–So 10–17 Uhr, Mausoleum jeweils 15 Min. kürzer, Besucherzentrum u. Mausoleum: 1900 HUF, Mittelalterliche Universität: 1000 HUF, Kinder bis 6 J. jeweils frei

4 Pécsi Bazilika

| Kirche |

Der Dom St. Peter und Paul, oft abgekürzt zu Pécser Basilika, hat seine Ursprünge im 11. Jh. Im Inneren der neoromanischen Kirche mit den vier charakteristischen Türmen finden sich wunderschöne Wand- und Deckenmalereien und eine prächtige, von Josef Angster 1887 erbaute Orgel.

■ Dóm tér 2., www.szekesegyhazi-plebania.hu, Mo–Sa 9–17, So 11.30–17 Uhr, 1900 HUF, Familie 3500 HUF

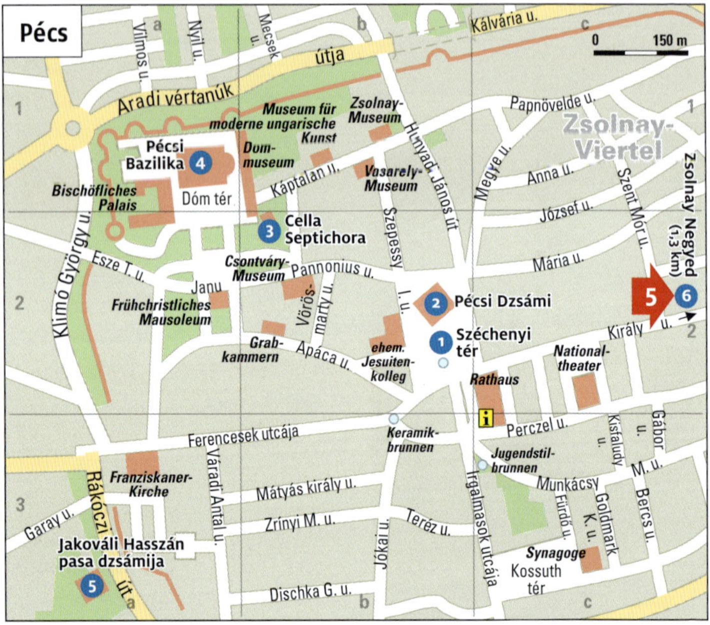

5 Jakováli Hasszán pasa dzsámija

| Moschee |

Die Hassan-Jakowali-Pascha-Moschee ist das einzige noch komplett mit Minarett erhaltene Gebetshaus aus der Zeit der Osmanen. Sie ist nur eine von insgesamt 17 türkischen Gebetshäusern, die Pécs einst beherbergte.

■ Rákóczi út 2., Di–So 10–18 Uhr (Fr 12.30–14.30 Uhr nur für Betende offen), 1000 HUF, Familie 2000 HUF

6 Zsolnay Negyed

| Kulturzentrum |

5 *Erfahren Sie alles über die weltberühmte Porzellanmanufaktur!*

Für das »Zsolnay-Viertel« sollten Sie zwei bis drei Stunden einplanen. Das Gelände wurde im Rahmen des EU-Projekts »Europäische Kulturhauptstadt 2010« an der Stelle der ehemaligen Fabrik ausgebaut. Heute finden sich hier verschiedene Ausstellungen, wobei die Gyugyi-Sammlung als Highlight gilt. Die Pécser Porzellanmanufaktur Zsolnay hatte ihre Glanzzeit zur Jahrhundertwende; typische Stücke aus dieser Zeit sind in der Sammlung zu sehen. Auf dem teils parkartigen, mit vielen Zsolnay-Details ausgestatteten Gelände finden sich außerdem u. a. eine Handschuhmanufaktur, ein Besucherzentrum, ein Shop und ein Café.

■ Felsővámház utca 52., www.zsolnaynegyed.hu, Gyugyi-Sammlung: April–Okt. tgl. 10–18, Nov.–März Di–So 10–17 Uhr, 1600 HUF, Tickets für alle Ausstellungen auch online auf www.jegymester.hu

P Parken

Wer mit dem Auto kommt, parkt es am besten bei der Unterkunft oder in der zentral gelegenen Straße **Irgalmasok utcája** (Plan S. 58 b/c3), um sich dann vom Hauptplatz Széchenyi tér ausgehend umzusehen. Eine weitere Möglichkeit ist der Parkplatz des Einkaufszentrums **Árkád** (Bajcsy Zsilinszky utca 11/1, Plan S. 58 südl. c3), wo die erste Stunde kostenlos ist (danach 300 HUF/Std.).

Restaurants

€€ | Balkán Bisztró Das Bistro hat sich, wie der Name verrät, auf Gerichte aus der Balkanregion spezialisiert. Es gibt Cevapcici und Köfte, aber auch ungarische Leckereien wie Kartoffelnudeln oder Quarkknödel. Schöner Garten. ■ Ferencesek utcája 32., Tel. 030/891 68 09, www.balkanbisztro.hu, Di–Do, So 12–22, Fr, Sa 12–23 Uhr, Plan S. 58 b3

Kneipen, Bars und Clubs

Nappali Das »Wohnzimmer« ist ein gemütlicher Treffpunkt, wo man sich mit einem Bier entspannen, Musik lauschen oder tanzen kann. Vom Jazzkonzert bis zum Poetry Slam wird hier alles geboten, was Spaß macht. ■ Király utca 23-25, www.facebook.com/nappali.bar, Plan S. 58 c2

ADAC Mobil

Pécs lässt sich am einfachsten **zu Fuß** erkunden. Vom Bahnhof läuft man 10–15 Minuten in die Innenstadt. Auch das **Fahrrad** ist eine gute Möglichkeit, herumzukommen.
Man kann eines für 4000 HUF pro Tag über Biciklikk.hu (Kodály Zoltán utca 3., Plan S. 58 westl. a1) mieten.
Alternativ können Sie Pécs' recht gut ausgebautes **Busnetz** nutzen.

27 Villány

»Stadt der Trauben und Weine« mit der schönsten Barockburg Ungarns

Information

■ Tourinform Siklós, Vajda János tér 8., 7800 Siklós, Tel. 30/335 88 57, www.infopontsiklos.hu/en

Schon die Römer kelterten hier Wein, die Tradition wurde nach den Türkenkriegen vor allem von Donauschwaben fortgeführt. Die deutschen Siedler brachten neue Rebsorten mit, und mit der Qualität der Tropfen stieg die nationale wie internationale Bedeutung Villánys: 1987 errang es offiziell den Titel »Stadt der Trauben und Weine«.

Sehenswert

Weinstraße
| Weinkeller |
10 *In den denkmalgeschützten Kellern schmeckt der Wein am besten*
Die Weinstraße mit ihrer denkmalgeschützten Kellerreihe verläuft entlang der Hauptstraße. In den rund 20 Kellern gibt es die Möglichkeit zum Verkosten und Speisen, je nach Sprachkenntnissen auch zum Fachsimpeln.
■ Baross Gábor utca

In der Umgebung

Nagyharsányi Szoborpark
| Skulpturenpark |
Der Skulpturenpark in einem alten Steinbruch ist das Ergebnis des Bildhauersymposiums Villány, das 1968 bei der Ortschaft Nagyharsány stattfand.
■ 7822 Nagyharsány, schlecht beschildert, GPS-Daten: N 45°85'624,4'' O 18°43'098,2'',

April–Sept. tgl. 9–19, Okt.–März tgl. 10–16 Uhr, 400 HUF, bis 18 J. 250 HUF

Siklósi vár

| Burg |

Die ersten Mauern der Burg wurden um 1260 errichtet. Nach der Krönung von Ferdinand I. im Jahr 1527 ließ dieser die Krone hier aufbewahren. Die Osmanen nutzten die Burg vor allem als Lager. Im Laufe des 18. Jh. wurde sie im barocken Stil umgebaut. Nach dem Zweiten Weltkrieg verfiel sie. Mit der Renovierung ab 1956 wurden ein Museum, ein Hotel und Restaurant eingerichtet.

■ Vajda János tér 8., 7800 Siklós, www.siklosivar.hu/en, tgl. 9.30–17 Uhr, 1900 HUF, erm. 1000 HUF, Kinder 700 HUF

Restaurants

€€–€€€ | Keller Halasi Der Weinkeller mit nostalgischem Charme, aber auch das Gartenlokal bieten leckere Kost und natürlich hervorragende Weine. ■ Baross Gábor utca 78/b, Tel. 72/611175, www.halasipince.com, Mi, Do 12–22, Fr, Sa 12–23, So 12–21 Uhr

€€–€€€ | Sauska 48 Das Restaurant liegt auf dem Sauska-Weingut, was eine entsprechende Weinauswahl mit sich bringt. Die kulinarischen Highlights sind zu Menüs kombinierbar. ■ Parzellennr. 048/10, Tel. 30/2201339, www.sauska.hu/en/restaurant, Mi–Sa 12–22, So 12–16 Uhr

Events

Rotweinfestival Villány Eines der bekanntesten Weinfeste Ungarns. Neben Verkostungen werden Konzerte und Ausstellungen, Weinkeller- und Traktortouren geboten. ■ 1. Wochenende im Okt., Villány Innenstadt, www.villanyiborfesztival.hu/vorosbor, Tagesticket für Fr 1500 HUF, für Sa 2000 HUF, Kombiticket (inkl. Weinglas) 3000 HUF, So frei

28 Mohács

Nationale Gedenkstätte und UNESCO-geschütztes Karnevalstreiben vereint

Information

■ Tourinform, Széchenyi tér 1., 7700 Mohács, Tel. 69/505515, mohacs@tourinform.hu

■ Tourismusverband Mohács, Szabadság utca 4-6., 7700 Mohács, Tel. 69/311308, www.de.mohacsibusojaras.hu

Bei der Neubesiedelung von Mohács nach der Niederlage gegen die Osmanen 1526 ließen sich neben deutschen und serbischen auch schokatzische (südslawische) Siedler in der Stadt nieder. Diese brachten eine einzigartige Tradition mit, für die Mohács heute international bekannt ist: das UNESCO-geschützte Karnevalsfest Busójárás (Buschogang). Es lockt alljährlich Zehntausende Schaulustige aus aller Welt an, die vor allem wegen des Mummenschanzes kommen.

Sehenswert

Nationale Gedenkstätte Mohács

| Gedenkstätte |

1976, zum 450. Jahrestag der Schlacht gegen die Osmanen, wurde die Gedenkstätte eingeweiht. Das Tor mit seinem gebrochenen Bogen symbolisiert den durch die Schlacht erfolgten Bruch in der Entwicklung des Landes. Das bronzenes Werk besteht aus 14000 knochenähnlichen Elemen-

Im Blickpunkt

Mummenschanz in Mohács

Busójárás (dt. Buschogang) ist die jahrhundertealte Karnevalstradition in Mohács, bei der die Bewohner furchterregende Masken aufsetzen und mit Kuhglocken sowie Rasseln lärmend durch die Straßen laufen. Bei Einbruch der Dunkelheit zieht die Parade zum Hauptplatz, wo es zum Abschluss ein Freudenfeuer gibt. So sollen der Winter und die Osmanen vertrieben sowie der Frühling begrüßt werden. Fakt ist hingegen, dass sich die Schokatzen, die diese Tradition vom Balkan mitbrachten, erst mit Ende bzw. nach der Osmanenherrschaft Ende des 17. Jh. in Mohács ansiedelten. In jedem Fall ist die Tradition eine vollständig »ungarische« geworden, die zur nationalen Identität ebenso dazugehört wie die Schlacht von Mohács 1526.

ten – die für die 14 000 christlichen Opfer der Schlacht stehen. Verschiedene Ausstellungs- und Filmmaterialien beleuchten das Geschehen.

■ Tomori utca 8., www.mohacsiemlekhely.hu, April–23. Okt. tgl. 9–18, 24. Okt.– März 9–16 Uhr, 1800 HUF, erm. 1500 HUF

Buschohof

| Museum |

Falls man nicht pünktlich zum Buschogang da ist: Die Stadt hat ein Gebäudeensemble geschaffen, in dem Besucher das ganze Jahr über die Atmosphäre dieser Volkstradition erleben können. Sie befinden sich auf einmal auf dem Hauptplatz der Stadt, wo Sie auf Buscho-Gestalten und die sogenannten »schönen Buscho« (die Schokatzen-Mädchen) treffen.

■ Eötvös utca 17-19., www.facebook.com/busoudvar, Mo–Fr 9–17, Sa 9–16, So 10–16 Uhr, 1000 HUF, erm. 600 HUF

Restaurants

€–€€ | Restaurant & Café Busóudvar
Der »Buschohof« serviert lokale Spezialitäten wie Mohácser Schokatzen-Bohnen oder Wels-Paprikasch nach Mohács-Art. Im Sommer mit Grillterrasse. ■ Eötvös utca 17-19., Tel. 69/320 0117, www.busoetterem.hu, Mo–Do 9–17, Fr 9–20, Sa 9–22 Uhr

Einkaufen

Busó-Masken Endre Rosta schnitzt schon seit 2001 die furchterregenden Busó-Masken in seiner Werkstatt, die zugleich auch als Geschäft und Webshop dient. ■ Eötvös utca 17-19., www.facebook.com/busoalarcok, Mo–Fr 8–17, Sa, So 9–16 Uhr

Events

(11) **Busójárás** Ein bunter Maskenumzug zum Karneval (S. 61): Als »Buschos« verkleidete Schokatzen machen die Straßen der Stadt unsicher, um den Winter zu vertreiben. ■ Faschingssonntag, u.a. am Széchenyi tér, www.mohacsibusojaras.hu

29 Szekszárd

Traditionelle Weinregion mit Natur- und Kulturschätzen

Information

■ Tourinform Szekszárd, Garay tér 17., 7100 Szekszárd, Tel. 74/315198, szekszard@tourinform.hu

Archäologische Funde deuten darauf hin, dass in der Weinregion Szekszárd schon vor über 2000 Jahren ein römisches Kastell mitsamt Weinkultur blühte. Neben den von Siedlern aus Dalmatien (Kadarka-Rebe) und Deutschland (Blaufränkisch) heimisch gemachten Weinen sollte man auch die lokalen Kaffees und Lebkuchen probiert haben. Das umliegende Bartina-Gebirge ist ein beliebter Ausflugsort für Jung und Alt, wie das Teilnehmerfeld der regelmäßig stattfindenden Wanderwettbewerbe zeigt.

Sehenswert

Lebkuchenmuseum

| Museum |

Seit 1825 beschäftigt sich das Lebkuchenmuseum, genauer gesagt die Familie Petrits, die das Museum gründete, mit der Herstellung von Kuchen, Kerzen und anderen Köstlichkeiten. Im Museum lassen sich während einer Führung die Geschichte der Lebkuchenherstellung ergründen und die dafür verwendeten Werkzeuge begutachten. Man hat sogar die Möglichkeit, selbst Lebkuchen zu verzieren und als Andenken mitzunehmen.

■ Munkácsy utca 9/b, www.mezeskalacsmuzeum.hu/de, Mo 10–16, Di–Sa 10–17.30 Uhr, Museum 600 HUF, erm. 450 HUF, Familie 2500 HUF, deutschsprachige Führung 4000 HUF (nur nach vorheriger Anmeldung)

Garai tér

| Hauptplatz |

Das Zentrum von Szekszárd ist der nach dem hier geborenen Dichter János Garay benannte Platz. Mehrere Sehenswürdigkeiten befinden sich in Sichtweite, darunter das Kaufhaus Pirnitzer (erbaut 1890), die Deutsche Bühne Ungarn, die Alte Sparkasse (1896), der Garay-Weinkeller, das Restaurant Garay (1893) und das von Ödön Lechner entworfene Hotel Szekszárd.

Cafés

(12) **A Kávé Háza** Das »Haus des Kaffees« ist das einzige Kaffeehaus Ungarns, das fachlich vom Verband Speciality Coffee Association of Europe geleitet wird. Hier werden auch Kaffees vertrieben, Kaffeemaschinen repariert und eine eigene Barista-Ausbildungs-

Vom Kálvária-Aussichtsturm reicht der Blick weit über Szekszárd

stätte betrieben. Erklärtes Ziel ist es, Szekszárd nicht nur für seine Wein-, sondern auch für seine Kaffeekultur bekannt zu machen. ■ Bátaszéki út 25., www.1927.hu, Mo–Fr 7–19, Sa 8–15 Uhr

Bühne

Deutsche Bühne Ungarn Diese Bühne ist das einzige rein deutschsprachige Theater in Ungarn, wobei für das nicht deutschsprachige Publikum die Aufführungen per Übertitel übersetzt werden. Die Einrichtung wurde 1983 unter dem Namen »Deutsche Bühne Seksard« vom Komitat gegründet und seit 2004 gemeinsam mit der ungarischen Regierung betrieben; die deutsche Regierung ist an der Auswahl der Leiter beteiligt. ■ Garay tér 4., Infos, Spielplan und Karten: www.dbu.hu

Sport

Kanufahren auf Donau-Seitenarmen Der Kajak- und Kanuverleih der Firma Sinn Kft. verleiht und transportiert die Boote zum gewünschten Standort in der Umgebung von Szekszárd oder organisiert ganze Ausflüge. ■ Kajak- und Kanuverleih Kenukolcsonzes, Mátyás király utca 4/C, https://kenukolcsonzes.hu, Di–Fr 9–16.30 Uhr, deutschsprachige Touren auf Anfrage, ab 16 €/Boot, Transport und Tour-Guide gegen Aufpreis

Wandern

Aussicht vom Bartina-Gebirge Der Weg zur Spitze des »Hausgebirges« der Székszárder führt vorbei an kleinen Bergdörfern, Weinbergen und Presshäusern. Entlang der Route Richtung Kakasd befindet sich der Aussichtsturm Bati-kereszt (»Bati-Kreuz«), von dem aus man bei guten Verhältnissen bis nach Paks und Kalocsa blicken kann. Der Várhegyi-Aussichtsturm bietet eine neue Perspektive auf die Stadt, und beim Kálvária-Aussichtsturm findet man eine 20 m hohe Trauben-Skulptur. ■ Infos zu Touren: Jugend-Union Szekszárd, Tel. 30/996 40 91, bartinatura@gmail.com

Übernachten

Das Spektrum an Unterkünften in der Region ist bunt und reicht vom Cottage über eine Burg bis zum Weinhotel. Sie können in eher abgeschiedener Naturlage in Dég oder im Mecsek-Gebirge Kraft tanken oder in eleganter Umgebung in Kaposvár nächtigen. Wer aus der großen Auswahl an Tropfen aus den hiesigen Weingebieten probieren möchte, hat, um das Auto stehen lassen zu können, viele Optionen wie die Weinhotels in Villány und Szekszárd; doch man sollte frühzeitig reservieren – gerade zur Zeit der Weinfeste sind manche Unterkünfte bereits ein halbes Jahr im Voraus ausgebucht.

Dég 50

13 €€ | **Páskom Cottage** In der Nachbargemeinde von Dég befindet sich das wunderschöne Páskom Cottage mit geschmackvoller Einrichtung. Die ruhige Umgebung, der mediterrane Garten, Badesee und Pool sowie Wellnessanlagen machen es zu einem Ort der Entspannung. Komfortable Unterkünfte und außergewöhnliches Frühstück mit Leckereien aus der Region. ■ Ozorai utca, Parzellennr. 3772, 8136 Lajoskomárom, Tel. 30/362 1194, www.paskom.hu

Kaposvár 50

€€ | **Hotel Dorottya** Das elegante, im Wiener Jugendstil erbaute denkmalgeschützte Hotel im Stadtzentrum öffnete 1911 seine Pforten als »Turul Hotel«, woran eine Statue des ungarischen Mythenvogels über dem Eingang erinnert. Heute belegt das Hotel nur noch das oberste Stockwerk mit 31 komfortablen und sauberen Zimmern in zentraler, aber dennoch ruhiger Lage. ■ Széchenyi tér 8., 7400 Kaposvár, Tel. 82/529780, www.hoteldorottya.hu/de

€€ | **Hotel Kapos** Mitten in der Innenstadt von Kaposvár, direkt neben dem zentralen Kossuth-Platz, erwartet das Hotel seine Gäste mit komfortabel eingerichteten Zimmern und gehobener ungarischer Küche. Das traditionelle Kapos Café lädt zur Zeitungslektüre mit aromatischem Kaffee oder Tee sowie hausgemachten Kuchen und Süßwaren ein. Private Parkplätze vor Ort. ■ Kossuth tér, 7400 Kaposvár, Tel. 82/510279, www.kaposhotel.hu/deutsch

Szigetvár 52

€–€€ | **Weinkeller und Pension Novák** Seit 1993 baut die Weinkellerei Novák vor allem die Sorten Königsast und Welschriesling an, zudem wird eine Weinbar mit Restaurant und eine Pension mit sieben Doppelzimmern betrieben. ■ Szőlőhegy Rózsa dűlő hrsz. 3712/4., 7900 Szigetvár, Tel. 073/413491, www.novakpince.hu

Mecsek-Gebirge 54

€€ | **Hotel István Király** Das Hotel in der Burg von Pécsvárad bietet bequeme, elegant eingerichtete Unterkünfte, einen malerischen Garten und ein Restaurant mit traditioneller ungarischer Küche. Ein idealer Ausgangspunkt, um das 4 km entfernte Mecsek-Gebirge zu erkunden. ■ Vár utca 45., 7720 Pécsvárad, Tel. 72/671235, www.pecsvaradivar.hu/de/das-hotel

Pécs 56

€ | Aqua Apartman Pécs Insgesamt drei gepflegte Apartments im ersten und zweiten Stock des Bürohauses Aqua. Wichtige Sehenswürdigkeiten von Pécs in Laufweite. Klimaanlage vorhanden, Parkplatz gegen Aufpreis. ■ Felsőmalom utca 25., 7621 Pécs, www.szallas.hu/aqua-apartman-pecs

€€ | Bagolyvár Hotel Wunderschönes Hotel am nördlichen Stadtrand von Pécs. Liebevolle ungarische, folkloristische Deko, Frühstücksterrasse und Restaurant. Netter Spazierweg in die Innenstadt (vorbei an der Kalksteinhöhle Tettyei Mésztufa-barlang). ■ Felsőhavi dűlő 6/1, 7627 Pécs, Tel. 72/513213, www.bagolyvarpecs.hu

Villány 59

€€–€€€ | Bock Hotel Ermitage Das zum gleichnamigen Weinhersteller gehörende Hotel verfügt über 31 Zimmer mit Klimaanlage und zwei Luxusapartments. Das ganze Hotelgelände ist barrierefrei, zwischen Rezeption und Zimmern verkehrt ein Personenaufzug. An die Kleinsten wurde auch gedacht: Auf sie warten eine Spielecke, Kinderbetten und ein Spielplatz. Zum Hotel gehört neben einem Restaurant ein eigener Wellnessbereich mit Infra- und finnischer Sauna sowie Whirlpool. ■ Batthyány utca 15., 7773 Villány, Tel. 72/492919, https://hotel.bock.hu/de

€€–€€€ | Crocus Gere Bor Hotel Das Hotel im Zentrum der Weinregion Villány bietet eine Kombination aus Wellnesseinrichtungen und einer Welt erlesener Weine. Die elegant eingerichteten Zimmer versprechen eine erholsame Nachtruhe, und im Restaurant können ungarische Gerichte sowie Weine von höchster Qualität aus der Region genossen werden. ■ Diófás tér 4-12., 7773 Villány, Tel. 72/492195, https://crocus-hotel.gere.hu/de

Mohács 60

€€ | Hotel St. Johann Mohács' erstes Hotel am Ufer der Donau verfügt über 49 gepflegte Zimmer mit Blick auf die Stadt und den Fluss, einige davon mit Balkon. Eine begrenzte Anzahl von Parkplätzen steht vor dem Hotel kostenlos zur Verfügung. ■ Szent Mihály tér 6-7., 7700 Mohács, Tel. 69/511010, www.mohacshotel.hu

Szekszárd 62

€–€€ | Hotel Merops Meszaros Das neben dem Weinhaus Mészáros gelegene Hotel bietet u. a. einen Wellnessbereich, Fahrradverleih und Souvenirladen, behindertengerechte Zimmer und kostenfreie bewachte Parkplätze. Hier können Verkostungen für das Weinhaus reserviert werden. ■ Kossuth Lajos utca 19., 7100 Szekszárd, Tel. 74/684940, www.hotelmerops.hu

€€ | Hotel Szekszárd Traditionelles Hotel unmittelbar am Garay-Platz. Die Zimmer sind im großbürgerlichen Stil um die Jahrhundertwende gestaltet. Frühstück im Restaurant Garay, bewachter Parkplatz gegen Aufpreis. ■ Garay ter 1., 7100 Szekszárd, Tel. 30/3803528, www.szekszardszallo.hu

Ungarische Tiefebene

Die flache Region ist Heimat der Puszta von Hortóbágy, aber auch von einigen der bedeutendsten Städten des Landes

Das einzigartige Naturgebiet der Ungarischen Tiefebene ist der westlichste Teil des eurasischen Steppengürtels, der sich bis nach Ostasien erstreckt. Das beste Beispiel für diese Landschaft ist die berühmte Puszta (ung. für »Einöde«) bei Hortóbágy. Der dortige Nationalpark mit seiner Artenvielfalt ist ein UNESCO-geschütztes Biosphärenreservat. An den die Tiefebene durchziehenden Flüssen Donau und Theiß haben sich hingegen einige der bedeutendsten Städte des Landes gegründet: Szeged, bekannt für seine Universität und Fischsuppe, Kalocsa, eines der weltgrößten Zentren für Paprikapulver, die naturnahe Theiß-Metropole Szolnok sowie der Wein- und Erholungsort Csongrád. Weitere Highlights der Region sind Kecskemét, die stolze Heimat des Pfirsich-Pálinkas, und Debrecen, die zweitgrößte Stadt Ungarns und ein Zentrum der Reformationsbewegung. Das Freilichtmuseum in Ópusztaszer beleuchtet die Geschichte der Landnahme und die bäuerliche Kultur der Region.

In diesem Kapitel:

ADAC Top Tipps:

6 Hortobágy
| Naturpark |
Weite Felder, eine große Artenvielfalt, ungarische Cowboys und Pferde garantieren auch heute noch Puszta-Romantik in dem seit 1973 UNESCO-geschützten Reservat. 74

ADAC Empfehlungen:

14 Paprika Múzeum, Kalocsa
| Museum |
Hier dreht sich alles um die Geschichte, Verarbeitung und Verwendung des Paprikapulvers. 68

15 Internationales Tisza-Fischfestival, Szeged
| Gastronomie-Event |
Das größte Fischfestival an der Theiß steigt in Szeged. Ein Teller Fischsuppe aus dem Riesenkessel ist ein Muss! 70

16 **Nationaler Gedenkpark Ópusztaszer**

| Freilichtmuseum |

Das Freilichtmuseum zur Erinnerung an die Landnahme der Ungarn im 9. Jh. wartet mit einem riesigen Rundgemälde auf. 71

17 **Sörárium, Szolnok**

| Restaurant |

Das Lokal ist zugleich ein interaktives Museum, in dem man Details der Bierkultur kennenlernen kann. 74

30 Kalocsa

Einst kirchlich-kulturelles, heute Paprika-zentrum des Landes

Information

■ Tourismusbüro Kalocsa und Umgebung, Szent István király út 35., 6300 Kalocsa, Tel. 30/467 86 90, www.facebook.com/tdmkalocsa

Kalocsa ist die älteste Stadt der Region Donau-Theiß. Bis Ende des 11. Jh. war sie Sitz der ungarischen Herrscher. Die kirchliche Bedeutung spiegelt sich in der Kathedrale und dem Erzbischöflichen Palast wider. Dessen Bibliothek ist mit dem ehrwürdigen Lesesaal das Kultur-Highlight der Stadt. Gegenüber der Kathedrale liegt das informative Paprikamuseum. Die Paprika ist auch Motiv der berühmten Stickerei von Kalocsa (»Kalocsai hímzés«).

Sehenswert

Kathedrale von Kalocsa

| Barockkirche |

Das barocke Gotteshaus wurde Mitte des 18. Jh. anstelle eines Vorgängerbaus aus dem 11. Jh. errichtet. Es hebt sich mit seinen 65 m hohen Türmen deutlich im Stadtzentrum hervor. Auf der Orgel soll Franz Liszt gespielt haben.

■ Szentháromság tér, www.astriceum.hu, Di–So 9–17 Uhr, 800 HUF, erm. 700 HUF, Tickets im Astriceum nebenan

Paprika Múzeum

| Museum |

14 *Alle Infos über das Nationalgewürz der Ungarn an einem Ort*

Das Museum widmet sich der Geschichte des Paprikas, seiner Ankunft in Ungarn, der Verarbeitung zu Pulver und seiner Verwendung. Im Souvenirshop gibt es sogar Paprika-Pálinka.

■ Szent István király út 2-4., Mo, So 10–16, Di–Sa 9–17 Uhr, 600 HUF, erm. 300 HUF

Erzbischöflicher Palast

| Bibliothek |

König Stephan begründete mit dem hiesigen Bistum Kalocsas Rolle als kirchlich-kulturelles Zentrum. Innerhalb des barocken Palastes schuf Erzbischof Adam Patachich 1784 aus den teils mittelalterlichen Beständen des Klosters und seiner Privatsammlung die erzbischöfliche Bibliothek. Von seinen Nachfolgern weiter ausgebaut, umfasst der schöne Lesesaal heute über 140 000 Bände.

■ Szentháromság tér, Tel. 30/539 74 61, www.astriceum.hu, Führungen Patachich-Lesesaal tgl. 12 und 14 Uhr, 1200 HUF, erm. 900 HUF, Tickets im Astriceum nebenan

Restaurants

€€ | Kék Duna Vendéglő Direkt am schönen Donauufer werden in stilvollem Ambiente Fischköstlichkeiten, ungarische Küche und Vegetarisches serviert. Große Portionen, schnelle und aufmerksame Bedienung. Sonntags großes Brunch-Buffet. ■ Außenbezirk Parzellennr. 0706 (ab Zentrum rund 5 km den Meszesi út entlang), Tel. 30/257 78 38, www.kekdunavendeglo.hu, Mo–So 10–19 Uhr

Einkaufen

Folkart Kalocsa Shop Seit ca. 1860 werden in Kalocsa und Umgebung Stickereien mit Natur- und Blumenmoti-

ven hergestellt. Sie waren zunächst schwarz-weiß, nach dem Ersten Weltkrieg wurden die Muster farbig. Nach vorheriger Anmeldung kann man im Souvenirshop entsprechend bestickte Tischdecken und Kleidung kaufen.
■ Vörösmarty Mihály utca 38., www.facebook.com/kalocsafolkart.hu

31 Szeged

Viel Sonnenschein, würzige Fischsuppe und köstliche Salami

Information

■ Tourinform Szeged, Széchenyi tér 12., 6720 Szeged, Tel. 62/48 86 90, www.szegedtourism.hu

Szeged ist mit über 2000 Sonnenstunden jährlich die sonnenreichste Stadt Ungarns, daher der Beiname »Stadt des Sonnenscheins«. Ihre Paläste, Parks und Plätze stehen für eine traditionsbewusste, zugleich moderne europäische Stadt mit mediterraner Stimmung. Exportschlager sind die Wintersalami (»Téliszalámi«) bzw. Pick-Salami und das berühmte Szegeder Paprikapulver.

Sehenswert

Dom und Domplatz

| Kirche |

Nach dem Hochwasser von 1879 gelobten die Bürger, beim Wiederaufbau auch eine große Kirche zu errichten. So entstand der im neoromanischen Stil erbaute Dom, heute die drittgrößte Kirche des Landes. Der 12 000 m² umfassende Domplatz wird umrahmt von Gebäuden der Universität, einem Pantheon mit Persönlichkeiten der ungarischen Wissenschaft sowie dem bei Ausgrabungen entdeckten Demetrius-Turm. Die von Studenten und Dozenten gestaltete Musikuhr spielt nach dem Läuten der Domglocken um 12.15 und 16.15 Uhr und zeigt imposante, holzgeschnitzte Figuren bekannter Ungarn.
■ Dom: Dóm tér 16., www.szegedidom.com/deutsch, Di–So 9–17 Uhr

Im Blickpunkt

Mit Paprika zum Nobelpreis

Albert Szent-Györgyi hatte schon 1926 erfolgreich die Ascorbinsäure (Vitamin C) aus Pflanzen- und Gewebeextrakten isoliert. Ab 1930 untersuchte er den gesunden, gegen Skorbut wirksamen Stoff in Szeged. Die hierfür aus dem Ausland mitgebrachte Hexuronsäure war verbraucht, aus Zitronen oder Kohl konnte er nicht genügend extrahieren. Laut seiner Erzählung servierte seine Frau eines Abends Paprikasalat, den er nicht mochte. Also berief er sich darauf, dass er den Salat ins Labor bringen und auf Vitamin C untersuchen müsse – zu seiner Überraschung enthielt die Frucht reichlich davon, sodass er bereits ein Jahr später ein Kilo reines Vitamin C aus Paprika gewonnen hatte. Für seine Erforschung des Vitamins C erhielt Szent-Györgyi 1937 den Nobelpreis für Medizin.

Dugonics tér

| Platz |

Im Mittelpunkt dieses Platzes steht ein Brunnen und das im Jugendstil errichtete Verwaltungsgebäude der Universität, vor dem eine Statue von Albert Szent-Györgyi steht (S. 69). Der musizierende Brunnen wird umrahmt vom »Sonett an Szeged« des in der Stadt geborenen Dichters Gyula Juhász. Wenige Schritte entfernt steht die Statue des namengebenden András Dugonics, Piaristenmönch und Lehrer sowie Verfasser des ersten Romans auf Ungarisch (»Etelka«, 1788).

Új zsinagóga

| Synagoge |

Die Neue Synagoge in Szeged ist nach der Großen Synagoge in Budapest die zweitgrößte in Ungarn und viertgrößte der Welt. Der eklektische Stil vereint u. a. Gotik, maurisch-arabisch-mediterrane Elemente, Barock und Jugendstil miteinander.

ADAC Mittendrin

Das im Jugendstil mit weißen Wänden und östlichen Elementen erbaute **Anna-Thermalbad** eröffnete 1896 als städtisches Bad. Seinen Namen bekam es von dem 1927 gebohrten Brunnen daneben: Der Unternehmer, der das heilende Trinkwasser als Erster abfüllte, Dezső Patzauer, benannte es nach seiner Tochter Anna. Die Szegeder nehmen es in Flaschen regelmäßig nach Hause mit. Das Bad bietet verschiedene Behandlungen und werktags die Gelegenheit zum Nachtbaden. *Tisza Lajos krt. 24., Tel. 62/55 33 30, www.facebook.com/annafurdo, Mo–Fr 8–20, Sa, So 6–22 Uhr, Tagesticket 2000 HUF (vormittags 1300 HUF), erm. 1500 HUF (vormittags 1000 HUF), Nachtbaden (Mo–Fr 20–24 Uhr) 1200 HUF*

■ Jósika utca 10., www.szzsh4.wixsite.com/szzsh/english, April–Sept. So–Fr 9–12, 13–17 Uhr, 1000 HUF, dt. und engl. Führung 1800 HUF/Gruppe

Restaurants

€€ | Kiskőrössy Halászcsárda Szeged Typisch ungarisches Fischrestaurant mit Fischsuppe nach Theiß-Art. Außerdem Geflügel, Schwein und vegetarische Teller. Nicht im Zentrum, aber sehr empfehlenswert aufgrund der schönen Lage am Flussufer. ■ Felső-Tisza-part 336., Tel. 62/55 58 87, www.kiskorossyhalaszcsarda.hu, Mitte Okt.–Mitte April So–Do 11–22, Fr, Sa 11–23, Mitte April–Mitte Okt. So–Do 11–23, Fr, Sa 11–24 Uhr

Bühne

Szegeder Freilichtspiele Von Juli bis August werden auf dem Domplatz u. a. Musicals, Opern, Dramen und Komödien aufgeführt. Die eindrucksvolle Kulisse des Doms und des Demetrius-Turms bescheren den Aufführungen ein einzigartiges Flair. ■ Dóm tér, Tel. 62/54 12 05, www.szegediszabadteri.hu/de

Events

15 **Internationales Tisza-Fischfestival** Jedes Jahr am ersten Septemberwochenende findet am Theiß-Ufer ein Festival rund um die regionale Art der Fischsuppe statt. Dabei wird die beste Variante unter den vielen vor Ort zubereiteten mit einem Preis ausgezeichnet. Ein Highlight ist der im Dauerbetrieb laufende Riesenkessel, in den das unumgängliche Paprikapulver auch schon einmal von einer »Szegeder Hexe« per Fallschirm abgeworfen wurde.

Im Nationalen Gedenkpark Ópusztaszer wird Bogenschießen demonstriert

■ Innenstadt/Theiß-Ufer, www.halfesztival.szegedihalaszcsarda.hu

32 Ópusztaszer

Hier schlugen die aus Asien kommenden Ungarn ihre Zelte auf

Information

■ Tourinform Ópusztaszer, Szoborkert utca 68., 6767 Ópusztaszer, Tel. 62/27 51 33, www.opusztaszer.hu/en

Ópusztaszer liegt inmitten eines 220 km² großen Naturschutzgebietes. Laut Überlieferung schlugen die landnehmenden Ungarn im Jahr 896 an dieser Stelle ihre Zelte auf und bestimmten die hiesigen Gebiete für die einzelnen Stämme. Der heutige Ort wurde erst Anfang der 1970er-Jahre auf Initiative eines Soziografen angelegt. 1982 folgte das 55 Hektar große Freilichtmuseum zur Erinnerung an die »Honfoglalás« (Landnahme).

Bekannt ist das Museum vor allem durch das überdimensionale Rundgemälde »Feszty-Panorama«.

Sehenswert

Nationaler Gedenkpark Ópusztaszer

| Freilichtmuseum |

16 *Ein ganzer Park voller Sehenswürdigkeiten*

Ende des 10. Jh. errichteten die Nachfolger des Stammesführers Ond auf dem Gebiet des heutigen Gedenkparks eine Waldkirche. Das zur Türkenzeit zerstörte Gotteshaus wurde 1991–98 wieder aufgebaut. Im Freilichtmuseum werden bäuerliche Kultur und typische Alltagsszenen aus dem 18. Jh. gezeigt. Die jurtenförmigen Gebäude wurden mit einer uralten Technik aus Kiefernholz zum Haus gebogen.

Das monumentale Panoramabild »Einzug der Ungarn« zeigt sechs miteinander verbundene Episoden der Landnahme mit passenden Toneffekten und

Beleuchtung. Árpád Feszty arbeitete 1892–94 teils mit bis zu 20 weiteren Künstlern an dem knapp 1800 m² großen Rundgemälde. Anlässlich des 1000-jährigen Jubiläums der Landnahme wurde es auf der Budapester Millenniumsausstellung 1896 präsentiert.

■ Ópusztaszer Nemzeti Történelmi Emlékpark, Szoborkert utca 68., www.opusztaszer.hu/en, Di–So 10–18 Uhr, 2900 HUF inkl. Feszty-Panorama, Parkticket 500 HUF/Pkw

33 Csongrád

Ein historisches Stadtviertel, ein Freistrand und leckere Weine

Information

■ Tourinform, Szentháromság tér 8., 6640 Csongrád, Tel. 63/57 03 25, csongrad@tourinform.hu

Csongrád bietet 37 denkmalgeschützte Häuser, eine Künstlerkolonie, in der man selbst künstlerisch tätig werden kann, und jeden Sommer einen kostenlosen Strand mitten in der Stadt.

Sehenswert

Körös-torok

| Strand |

Wenn die Theiß im Sommer niedriges Wasser führt, trocknet die Sandbank nahe der Innenstadt aus. Auf dem feinkörnigen Sand entsteht so an der Stelle, wo der Fluss Körös in die Theiß mündet, der größte Freistrand der Region: die Körös-Mündung.

Csongrádi Művésztelep

| Künstlerkolonie |

In der Künstlerkolonie stellen seit 1975 ungarische und internationale Künstler aus. Man kann auch selbst kreativ werden: Zum Malen stehen Staffeleien, zum grafischen Vervielfältigen Druckpressen bereit.

■ Tanya 833., Tel. 63/48 33 51, www.csongradmuvesztelep.hu, Di–So 10–18 Uhr

Belsőváros

| Historischer Stadtteil |

Entgegen dem Namen (belső = innere, város = Stadt) liegt das denkmalgeschützte, wie ein Freiluftmuseum anmutende Viertel heute am Stadtrand. Die meisten der im 18.–19. Jh. erbauten Häuser folgen einer noch älteren Baupraxis. Bewohnt wurden sie ursprünglich von Seeleuten, Zimmermännern, Fischern, Bauern und Dammbauern. Inzwischen sind die meisten Gebäude Gasthäuser, in manchen wird Kunsthandwerk gezeigt.

34 Kecskemét

Die heimliche Hauptstadt der südlichen Ungarischen Tiefebene

Information

■ Tourinform, Szabadság tér 5/a, Tel. 76/80 00 40, 20/426 11 78, www.iranykecskemet.hu

Kecskemét erblühte von einer provinziellen Landstadt zu einer der schönsten Städte der Tiefebene. Anfang des 19. Jh. wurde der Gemeindegrundbesitz in Parzellen aufgeteilt, die halbe Bevölkerung lebte in den dortigen Gehöften (»tanya«). Um den brachliegenden Boden zu verbessern, wurden Millionen von Obstbäumen gepflanzt. Die dadurch blühende Landwirtschaft und der Aufschwung des Gewerbes brachten ein lokales Großbürgertum hervor, das um die Jahrhundertwende

Das Rathaus von Kecskemét geht auf einen Entwurf von Ödön Lechner zurück

dem Zentrum viele schöne Jugendstilgebäude bescherte.
Das 20 000 m² große Herz der Stadt, der Kossuth-Platz wurde 1894 angelegt. Er verbindet Große Kirche, Rathaus, Sankt-Nikolaus-Kirche und weitere historische Gebäude.

Sehenswert

Városháza

| Rathaus |

Das von Ödön Lechner geschaffene Gebäude wurde 1893 erbaut und ist eines der bedeutendsten Beispiele des Jugendstils in Ungarn. Die Verzierungen, vor allem die Zsolnay-Porzellanplatten auf dem Dach, zeugen von der Magyaren- und Turk-Volkskunst. Über dem Haupteingang befindet sich ein Glockenspiel, das zu jeder Stunde eine Melodie des in Kecskemét geborenen Komponisten Zoltán Kodály spielt.

■ Kossuth tér 1.

Cifrapalota

| Museum |

Der Cifra-Palast ist ein bürgerliches Wohnhaus und schönes Beispiel des ungarischen Jugendstils. Die Fassade ist – ähnlich dem Rathaus – mit Platten der Zsolnay-Porzellanmanufaktur verziert, dessen Blumenmotive der ungarischen Volkskunst entlehnt sind.

■ Rákóczi út 1., Di–So 10–17 Uhr, 700 HUF, erm. 350 HUF

In der Umgebung

Bugac-Puszta

Gehöfte wie jene, aus denen Kecskemét im 19. Jh. bestand, können in ihrer ursprünglichen Form in der 35 km entfernten Bugac-Puszta besichtigt werden. Zum Angebot dort gehören Reitvorführungen, Kutschfahrten und der »Puszta-Fünfkampf« (Hufeisenwurf, Peitschen, Schubkarrenfahrt, Sackhüpfen und Strohballen-Rollen).

■ Nagybugac 135., 6114 Bugac, Tel. 76/575112, www.bugacpuszta.hu, mit Anmeldung

35 Szolnok

Naturnahe Theiß-Metropole im Zeichen der »Theißblüte«

Information

■ Tourinform, Hild János tér 1., 5000 Szolnok, Tel. 56/420704

Während der Türkenkriege entwickelte sich Szolnok dank dem mit Flößen durchgeführten Salztransport auf der Theiß zu einem Handelszentrum für Salz und Holzverarbeitung. Heute stehen hier eher Natur und Kunst im Fokus: Das Design der Fußgängerbrücke ist von der hier heimischen Eintagsfliege, der Theißblüte, inspiriert.

Sehenswert

Tiszavirág híd
| Brücke |
Die Radfahrer- und Fußgängerbrücke ist mit 444 m die längste ihrer Art in Mitteleuropa. Sie verbindet den »Platz der Theiß-Seemänner« (Tiszai hajósok ter) mit dem Haupteingang des Thermal- und Erlebnisbads Theißblüte. Die Brücke setzt der in Westeuropa zum Großteil bereits ausgestorbenen Theißblüte (Palingenia longicauda) ein Denkmal, einer Fliege, deren Balztanz als »Blühen« bezeichnet wird.

Molnárfecsketelep
| Vogelnester |
Die »Mehlschwalbensiedlung« gilt als wertvollstes Naturgut von Szolnok: Unter den Balkonen älterer innerstädtischer Gebäude nisteten sich Mehlschwalben ein. Anwohner haben die Nester liebevoll mit kleinen Schüsseln zum Sammeln des Kots ausgestattet. Die meisten sind am Ságvári Endre körút zu finden, wo eine Tafel auf den Schutz der Vögel aufmerksam macht.

Restaurants

17 **€€ | Sörárium** Das »Bierarium« ist nicht nur ein Restaurant mit ungarisch-europäischer Küche, sondern auch ein Museum, in dem man mithilfe smarter Geräte Details der Bierkultur kennenlernen kann (Infotafeln auf Deutsch und Englisch). Leckeres Bier und gute Bedienung. ■ Kossuth tér 9.,Tel. 20/282 88 22, www.sorarium.hu, Di–Do 10–22, Fr, Sa 10–24 Uhr, Infos deutsche Führung: etterem@sorarium.hu

36 Hortobágy

6
Der Inbegriff von Puszta als geschütztes Biosphärenreservat

Information

■ Nationalparkverwaltung, Petőfi tér 9., 4071 Hortobágy, Tel. 52/369140, www.hnp.hu/en

Weite Steppe, wortkarge Cowboys, Artenvielfalt – die Vorstellungen von der Puszta (»Steppe«) liegen nicht weit von der Realität in Hortobágy, dem größten und bekanntesten Steppengebiet Mitteleuropas. Die Gründung des gleichnamigen Ortes hängt mit der Eröffnung einer Tscharda – eines traditionellen ungarischen Gasthauses (meist mit Wagenhalle) – im Jahr 1699 zusammen. 1833 kam die Neunlöchrige Brücke hinzu, 1891 die Eisenbahnlinie.

Sehenswert

Hortobágy-Nationalpark

| Nationalpark |

Ungarns erster und größter zusammenhängender Nationalpark wurde 1973 gegründet und kontinuierlich auf 820 km^2 erweitert. Noch im Jahr der Gründung wurde er als UNESCO-Biosphärenreservat anerkannt, 1999 schließlich in das Welterbe aufgenommen. Die berühmten, »csíkos« genannten Pferdehirten zeigen während der typischen Shows akrobatische Tricks zu Pferde und mit der Peitsche.

■ www.hnp.hu/en, Infos auf Deutsch: www.hnp.hu/uploads/documents/programmubersicht_2019.pdf

Neunlöchrige Brücke

| Steinbrücke |

Die Steinbrücke wurde 1827–33 anstelle einer Holzbrücke von 1697 errichtet. Die Herdenzüge der Viehhändler von Debrecen marschierten von diesem Brückenende während des Hochwassers der Theiß in Richtung Szolnok und von dort nach Wien. Mit einer Gesamtlänge von 167,3 m ist sie Mitteleuropas längste öffentliche Steinbrücke und Teil des UNESCO-geschützten Gebietes.

■ Fortsetzung der Schnellstraße 33 in westlicher Richtung aus Hortobágy hinaus

Restaurants

€€ | **Hortobágyer Tscharda** Seit über 300 Jahren bietet das Lokal neben der Brücke traditionelle ungarische Gerichte aus lokalen Zutaten wie dem Graurind, Mangalica-Schwein oder Fisch, aber auch Vegetarisches, zudem in den einstigen Gästezimmern eine Ausstellung über die damalige Erschließung der Puszta. ■ Petőfi tér 1., Tel. 52/58 93 38, www.hortobagyicsarda.eu, tgl. 11–20 Uhr

Im Blickpunkt

Natürliche Artenvielfalt von Menschenhand

Vor allem der Mensch, nicht die Natur ist für die Ausmaße der Puszta verantwortlich: Mit den Arbeiten zur Theiß-Begradigung herrschte ab 1846 in der Region Hortobágy Wassermangel, was zur Ausbreitung der dörren Flächen führte. Dennoch gibt es eine einzigartige Artenvielfalt, woran die für die Puszta typischen Ziehbrunnen ihren Anteil haben dürften, denn in der Steppe waren schon früh Hirten mit ihren Herden unterwegs, die natürlich Wasser brauchten. Bis heute sind hier original ungarische Rassen wie Graurind, Zackelschaf, Mangalica-Schwein und Nonius-Pferd zu Hause. Auch die Pflanzenwelt mit Hahnenfuß, Froschbiss und Strandflieder ist vergleichsweise bunt.

Kinder

Puszta-Zoo Der Tierpark wurde 1997 gegründet, um die traditionellen ungarischen Haustiere vorzustellen, u. a. Transsilvanisches Nackthalshuhn, Ungarische Hausziege, Zackelschaf, Graurind, Mangalica-Schwein und den Ungarischen Wasserbüffel. ■ Tornyi domb 1., www.pusztaiallatpark.hu, 15.–31. März tgl. 9–16, April–Sept. tgl. 10–18, Okt. tgl. 10–16, Nov.–14. März tgl. 10–14 Uhr, 900 HUF, erm. 600 HUF, Familie 2500 HUF (zwei Erw. und zwei Kinder) bzw. 3000 HUF (zwei Erw. und drei Kinder)

37 Debrecen

Das »calvinistische Rom« im Osten Ungarns

In der Großen Reformierten Kirche wurde 1849 die ungarische Unabhängigkeit verkündet

Information

- Visit Debrecen, Kossuth tér Parzellennr. 8325 (Gedenkgarten hinter der Großen Reformierten Kirche), 4026 Debrecen, Tel. 20/450 05 06, Mo–Sa 9–18 Uhr
- Tourinfo-Punkt, Pallagi út 7. (im Nagyerdei-Wasserturm), 4026 Debrecen, Tel. 30/199 25 87, Mo–Sa 9–18 Uhr
- www.debrecencity.com, www.debrecen.hu
- Parken: siehe S. 79

Debrecen gestattete früh die Ansiedlung von Calvinisten, weshalb es ab Mitte des 16. Jh. das »calvinistische Rom« genannt wurde. Die durch Kirche und Bürgertum beeinflusste Entwicklung zur »Hauptstadt der Nördlichen Tiefebene« zeigt sich in der Architektur: einerseits die Große Reformierte Kirche und das Reformierte Kollegium, andererseits die schönen Bauten im Barock- und Jugendstil. Das Bürgertum hinterließ auch das Déri-Museum. An der belebten Piac utca sind manche Handelshäuser Jahrhunderte alt.

Sehenswert

1 Große Reformierte Kirche

| Kirche |

Das 1819 erbaute Gotteshaus ist das Wahrzeichen Debrecens und zugleich die größte calvinistische Kirche Un-

Plan
S. 78

garns. Der linke der beiden je 61 m hohen Türme kann bestiegen werden. Die Kirche war Schauplatz historischer Ereignisse: Die Regierung des Freiheitskampfes von 1848–49 flüchtete nach Debrecen und verkündete in der Kirche die ungarische Unabhängigkeit vom Habsburger-Reich; zudem tagte hier im Dezember 1944 die provisorische Nationalversammlung Ungarns.

■ Kossuth tér 1., www.nagytemplom.hu, Mo–Fr 9–18, Sa 9–13, So 11–18 Uhr

2 Kossuth tér

| Platz |

Der autofreie Hauptplatz, auf dem die Kirche steht, lädt mit seinen Cafés und Restaurants, kleinen Grünflächen, Parkbänken und Statuen zum Verweilen ein. Seinen Namen verdankt er dem Kossuth-Denkmal vor der Kirche. Das Debrecener Stadtwappen, das als Mosaik in den Boden eingelassen ist, und der Springbrunnen mit der Phönix-Statue sind weitere Attraktionen eines der schönsten Plätze Ungarns.

3 Reformiertes Kollegium

| Bibliothek |

Das Reformierte Kollegium von 1568 wurde nach einem Brand 1803 bis 1816 im klassizistischen Stil umgebaut. Zur Zeit der Revolution 1848 hatte hier der ungarische Landtag seinen Sitz. Die Bibliothek gilt mit 600 000 Exemplaren als größte Sammlung der ungarischen Reformierten Kirche. Hier werden auch Reliquien wie die Jagdwaffe des Schriftstellers Ferenc Kazinczy und die Aktenmappe des Freiheitskämpfers Lajos Kossuth aufbewahrt.

■ Kálvin tér 16., Tel. 52/51 85 01, www.drk.hu, Museum 1200 HUF, erm. 600 HUF, deutschsprach. Führung 5000 HUF; Bibliothek Mo 8.30–16, Di–Fr 8.30–18 Uhr, frei

ADAC Mobil

Die innerstädtische **Straßenbahnlinie 1** befördert die Besucher vom Hauptbahnhof bis zur Universität. Unterwegs liegen einige Sehenswürdigkeiten auf dem Weg: u. a. Rathaus, Große Reformierte Kirche und Kossuth tér, Grand Hotel Aranybika und die alten Handelshäuser an der Piac utca.
www.dkv.hu

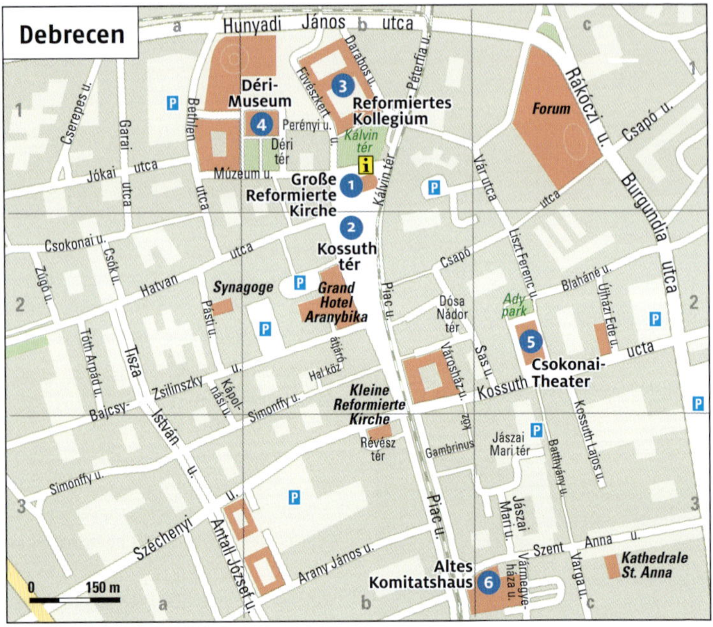

4 Déri-Museum

| Museum |

Das (neo-)barocke Déri-Museum wurde 1902 als Stadthistorisches Museum eröffnet, die Schenkung eines Juweliers bildete den Grundstock. Auch andere Bürger stifteten, etwa ein Seidenfabrikant seine Sammlung ungarischer und fernöstlicher Kunst. Nach einem Umbau eröffnete es 1930 wieder als Déri-Museum. Die bedeutendsten Exponate sind die Kolossalgemälde »Ecce Homo«, »Christus vor Pilatus« und »Golgatha« des ungarischen Malers Mihály von Munkácsy (1844–1900).

■ Déri tér 1., Tel. 52/32 22 07, www.derimuzeum.hu/en, Di–So 10–18 Uhr, 2000 HUF, erm. 1000 HUF

ADAC Wussten Sie schon?

Die in Süddeutschland und Österreich bekannte **»Debrecziner Wurst«** stammt gar nicht aus Debrecen. Die Stadt wurde zum Namensgeber, weil es hier schon immer viel Schweinefleisch gab. Es waren danach vor allem reisende deutsche Händler, die diese Wurst im 17. Jh. im Dresdner Raum und den Hansestädten als »Debrecziner« populär machten.

5 Csokonai-Theater

| Theater |

Das Csokonai-Theater ist das älteste und größte Theater Debrecens. Zwar gab es seit 1798 Theaterensembles und Auftritte an anderen Orten der Stadt, doch erst das 1865 eröffnete Csokonai bot den Stücken eine dauerhafte Bühne. »Bewacht« wird es von Statuen berühmter Persönlichkeiten der unga-

rischen Theaterwelt, darunter der namengebende Mihály Csokonai Vitéz.
■ Kossuth utca 10., Tel. 52/417811, www.csokonaiszinhaz.hu

6 Altes Komitatshaus (Megyeháza)

| Architektur |

Das einstige Haus des Burgkomitats Hajdú (Vorgänger des heutigen Komitats Hajdú-Bihar) wurde 1911–12 im Jugendstil erbaut und zählt zu den schönsten seiner Art in Ungarn. Die Fassade ist mit Zierelementen aus der Zsolnay-Fabrik in Pécs (S. 58) sowie Heiducken-Statuen dekoriert. Die Wände und Decken seines Prachtraums, des Árpád-Saals, zieren Gipsstuck und Wappen der Siedlungen des Komitats. An der Spitze des Husarenturms auf dem Dach ist die Bronzestatue von Großfürst Árpád zu sehen. Noch heute hat die Verwaltung des Komitats Hajdú-Bihar ihren Sitz hier.
■ Piac utca 54., das Haus ist nur von außen zu besichtigen

Parken

Es gibt u.a. einen innerstädtischen Parkplatz auf dem Jászai Mari tér (Plan S. 78 c3): Mo–Fr 8–14 Uhr 220 HUF/30 Min., 14–18 u. Sa 8–14 Uhr 110 HUF/30 Min., Mo–Fr 18–8 und Sa 14–Mo 8 Uhr 20 HUF/Std.

Restaurants

€€ | **Restaurant Csokonai** Mittel- und osteuropäische Küche, freundliches und aufmerksames Personal. Auch vegetarische und vegane Gerichte. Live-Musik. ■ Kossuth utca 21., Tel. 52/410802, www.csokonaisorozo.hu/en/kezdolap, Plan S. 78 c2

€€–€€€ | **Művészbejáró** Das Gourmet-Restaurant liegt direkt neben dem Csokonai-Theater, daher auch der Name »Künstlereingang«. Gute Auswahl an ungarischen, aber auch internationalen und vegetarischen Gerichten, exquisite Weinkarte. ■ Kossuth utca 8., Tel. 30/1903444, www.muveszbejarodeb.hu, Di–Sa 11–22 Uhr, Plan S. 78 c2

Events

Virágkarnevál Seit 1966 findet in Debrecen der »Blumenkarneval« statt, ein Umzug mit blumengeschmückten Wagen auf der Piac utca mitsamt Kulturprogramm. Das Fest zieht jährlich bis zu 500 000 Besucher an. Angeblich geht die Tradition des blumigen Umzugs auf einen Korso im Jahr 1905 zurück, mit dem Geld für Rettungswagen gesammelt wurde. ■ 20. Aug., www.debrecenivirag karneval.hu

Ein Highlight im Veranstaltungskalender von Debrecen: der »Blumenkarneval«

Übernachten

Wer es urban mag, ist in den zentralen Hotels in Debrecen und Szeged gut aufgehoben, von wo die Sehenswürdigkeiten innerhalb von Minuten zu Fuß erreichbar sind. Wenn man dagegen lieber etwas naturbezogener wohnt, sollte man mindestens eine Nacht am Theiß-Ufer in Szolnok bzw. in einem der Gästehäuser in Ópusztaszer oder Hortobágy verbringen. In der Nähe des Flusses ist übrigens vor allem abends und nachts ein gutes Mückenspray empfehlenswert.

Kalocsa 68

€€–€€€ | Pilvax Hotel Kalocsa Direkt im Zentrum, dennoch ruhig gelegen. Schöner Innenhof, komfortable und saubere Zimmer, Sauna, Weinkeller und kostenlose Parkplätze vor dem Gebäude. ■ Szent Istvan Kiraly út 21., 6300 Kalocsa, Tel. 78/67 86 78, www.pilvaxhotel.hu/en

Szeged 69

€€ | Science Hotel Szeged Nur 300 m vom Dugonics-Platz entfernt, erwartet das Hotel seine Gäste mit 43 thematischen, von der Wissenschaft inspirierten Zimmern und einer Tiefgarage. Für sein innovatives Designkonzept wurde der Betreiber 2016 in New York mit dem »Gold Key Award« ausgezeichnet. ■ Petőfi Sándor sugárút 17., 6722 Szeged, Tel. 62/66 78 10, www.sciencehotel.hu/en

€€–€€€ | Art Hotel Szeged Superzentrale Lage zwischen Dom- und Dugonics-Platz, von hier ist fast alles zu Fuß erreichbar. Modernes Design, saubere Zimmer, Frühstück mit großer Auswahl und eigene Tiefgarage. ■ Somogyi utca 16., 6720 Szeged, Tel. 62/59 28 88, www.artszeged.accenthotels.com/de

Ópusztaszer 71

€€ | Darutollas Gästehaus Authentisches Bauernhaus, das Ruhe und Erholung, eine Gemeinschaftslounge, Garten und Grillmöglichkeiten bietet. Einer der Gastgeber ist Mitarbeiter des Gedenkparks und kann daher bestens über diesen informieren. ■ Kis-Zer tanya 224., 6767 Ópusztaszer, Tel. 30/544 26 28

Csongrád 72

€ | Pension Öregtölgy Pension mit Restaurant, Gemeinschaftslounge, Garten und Wassersportmöglichkeiten, zudem Kinderspielplatz und Privatparkplätze. ■ Réti János utca 8., 6640 Csongrád, Tel. 30/356 58 19, www.facebook.com/oregtolgypanzio

Kecskemét 72

€ | Fábián Panzió Etwa 200 m vom Stadtzentrum entfernte Pension. Reichhaltiges Buffet, Garten mit mediterraner Atmosphäre, kostenlose Parkplätze. ■ Kápolna utca 14., 6000 Kecskemét, Tel. 20/257 11 20, www.panziofabian.hu/de

€–€€ | Hotel Három Gunár Zentrale Lage, saubere Zimmer mit komfortablen Betten, kostenlose hoteleigene Parkplätze. ■ Batthyany utca 1-7., 6000 Kecskemét, Tel. 76/48 36 11, www.hotelharomgunar.hu/de

Szolnok 74

€€ | Hotel und Heilbad Theiß Neobarockes Gebäude, das 33 Zimmer mit Platz für insgesamt 73 Gäste bietet. Das Heilbad verfügt über zwei Thermal- (34 °C und 37 °C) und ein Abkühlbecken. Tolle Lage und freundliches Personal, Parken im Innenhof. ■ Verseghy park 2., 5000 Szolnok, Tel. 56/51 08 50, www.hoteltisza.hu

€€–€€€ | Garden Hotel In schöner Lage am Theißufer. Wellnessbereich mit Massagen, Sonnenterrasse und Kinderspielplatz, eigener, bewachter Parkplatz. ■ Tiszaligeti sétány, 5000 Szolnok, Tel. 56/52 05 30, www.gardenhotel.hu/de

Hortobágy 74

€€ | Gasthaus Sóvirág Das Gasthaus mit rustikaler Jagdeinrichtung und Kachelofen bietet optimale Möglichkeiten zur Erholung. Garten mit Kinderspielplatz und Teich, finnische Sauna und Whirlpool im Preis inbegriffen. ■ Czinege János utca 52-53., 4071 Hortobágy, Tel. 52/73 69 130, www.soviragvendeghaz.hu/de

Debrecen 76

€ | Stop Panzió Debrecen In einer ruhigen Nebenstraße nahe dem Zentrum gelegene kostengünstige Pension. Freundliches, hilfsbereites Personal, kostenlose Parkplätze. ■ Batthyány utca 18., 4024 Debrecen, Tel. 52/42 03 01, www.stoppanzio.hu/de

€€ | Centrum Hotel Geräumige, saubere Zimmer in zentraler Lage, Frühstück mit großer Auswahl. Kostenloses Parken auf der Straße vor dem Hotel. ■ Kálvin tér 4., 4026 Debrecen, Tel. 52/41 85 22, www.centrumhotel.hu

€€ | Hotel Lycium Sämtliche Sehenswürdigkeiten befinden sich in Spazierweite, aus dem Wellnessbereich bietet sich ein schöner Ausblick. Hoteleigene Tiefgarage. ■ Hunyadi János utca 1-3., 4026 Debrecen, Tel. 52/50 66 00, www.hotellycium.hu/de

ADAC Das besondere Hotel

Neben sauberen, gut ausgestatteten Zimmern, eigenem Restaurant und freundlichem Personal hat das **Hotel Gokart** ein eigenes Gokart-Stadion. Bei bis zu 20 Fahrzeugen gleichzeitig auf der Strecke bieten sich Rennen geradezu an. Entsprechende Angebotspakete für Gokart-Fahren plus Übernachtung auf der Website.

€€ | Szent Laszlo körút 64., 6000 Kecskemet, Tel. 76/50 51 75, www.gokarthotel.hu/de

Nordungarn

Traditionelle Weinanbaugebiete und naturreiche Wanderregionen warten darauf, entdeckt zu werden

Wein, Berge und Geschichte, die sich in eleganten wie traditionellen Stadtbildern widerspiegelt: Das erwartet Sie in Nordungarn. Das Weinanbaugebiet Tokaj im Nordosten ist auch manchem Ungarn-Neuling ein Begriff. Miskolc ist die größte Stadt der Region und besitzt ein einzigartiges Höhlenbad. Obwohl Lillafüred nur wenige Kilometer entfernt liegt, bieten sich hier – im Bükk-Gebirge – perfekte Wandermöglichkeiten. Pferde- und Naturliebhaber werden Szilvásvárad schnell ins Herz schließen, während die Barockstadt Eger mit ihrer spannenden Geschichte und dem stadteigenen Wein überzeugt. Das kleine Dorf Noszvaj wird von vielen oft übersehen, dabei kann man hier Höhlenwohnungen entdecken. Das Mátra-Gebirge inspiriert zu Ausflügen in den Wäldern und zum Skifahren vom höchsten Punkt Ungarns, während sich im UNESCO-Weltkulturgut Hollókő alles um volkstümliche Bräuche dreht – und in Gödöllő alles um die einstmalige Lieblingsresidenz von Kaiserin Sisi.

In diesem Kapitel:

ADAC Top Tipps:

7 **Tokaj**
| Weinanbaugebiet |
Entdecken Sie die seit 2002 als UNESCO-Welterbe geschützte Weinstadt mit barocker Architektur, aus der der »König der Weine, Wein der Könige« stammt. ... 84

8 **Lillafüred**
| Wanderregion |
Die »Perle des Bükk-Gebirges« wartet mit hängenden Gärten, Höhlen und einem Palasthotel auf. ... 89

ADAC Empfehlungen:

18 **Höhlenbad in Miskolctapolca**
| Thermalbad |
Schon seit 1723 kann in der Höhle wegen des niedrigen Salzgehaltes unbegrenzt gebadet werden. ... 87

19 **Kékestető, Mátra-Gebirge**
| Berggipfel |
Buntes Programm auf Ungarns höchstem Berg, von Wandern bis Skifahren bei prachtvoller Aussicht. 93

20 **Ófalu, Hollókő**
| Architektur |
Entzückende, im Palóczen-Stil erbaute Häuser im Herzen des Weltkulturerbe-Dorfes. 94

38 Tokaj

7 *Barockes Städtchen, umgeben von ausgedehnten Weinhügeln*

Information

■ Tourinform, Serház utca 1., 3910 Tokaj, Tel. 70/388 88 70, www.visittokaj.com

Aufgrund der natürlichen Gegebenheiten des hügeligen, von den Flüssen Bodrog und Theiß begrenzten Gebietes betrieben hier schon die Römer Weinbau. Im 18. Jh. wurde der süße Aszú-Wein am französischen Hof Ludwigs XIV. und am russischen Zarenhof eingeführt und fortan als »König der Weine, Wein der Könige« bezeichnet. Seit 2002 steht die Kulturlandschaft um Tokaj unter UNESCO-Schutz. Na dann, Prost!

Sehenswert

Bormúzeum

| Weinmuseum |

Das Weinmuseum fungiert als moderner Ausstellungsort der hiesigen Weinanbaugebiete. Anhand interaktiver Exponate kann man aber auch andere Weinregionen kennenlernen.

■ Serház utca 55., Tel. 47/55 20 50, www.bormuzeum.eu, Jan.–März, Nov., Dez. Di–Sa 9–17, April–Okt. Di–So 10–18 Uhr, 1000 HUF, erm. 500 HUF, Familie 2500 HUF

Historische Altstadt

| Stadtbild |

Die spätbarocke Innenstadt präsentiert Besuchern ein malerisches Bild von Tokaj. Die Fußgängerzone wird von allen nur »Derék utca« (vermutlich von »derék« für »stattlich«) genannt, auf

Böden und Klima in der Region Tokaj bringen ausgezeichnete Weine hervor

Karten ist sie als Rákóczi utca verzeichnet. An der vom Kanonenkugel-Haus (Ágyúgolyós ház) bis zum zentralen Kossuth-Platz führenden kurvenreichen Straße befinden sich kleine Läden und Handelshäuser aus dem 18. Jh.

Rákóczi-Weinkeller

| Weinkeller |

Der auf der UNESCO-Weltkulturerbeliste stehende Rákóczi-Keller wurde Anfang des 15. Jh. erbaut. Er war im Besitz von Königen, Fürsten und Prinzen. Der Rittersaal mit seinen atemberaubenden Maßen – auf 1,5 km können 20 000 Hektoliter Wein gelagert werden – ist der größte unterirdische Raum der gesamten Tokajer Weinregion. Heute finden hier gemütliche Weinvorstellungen und sonstige Events rund um den Wein statt. Das über dem Keller befindliche Herrenhaus beherbergt ein stimmungsvolles Weinbistro. Den vor dem Keller stehenden Bacchus-Brunnen erhielt Tokaj von der hessischen Partnerstadt Oestrich-Winkel.
■ Kossuth tér 15., Tel. 47/35 24 08, www.facebook.com/rptokaj

Restaurants

€€ | Gasthof Toldi Restaurant in einer kleinen Seitengasse mit hervorragenden Fischgerichten, aber auch leckerer Ente und einer großen vegetarischen Auswahl. ■ Hajdú köz 2.,Tel. 47/35 34 03, www.toldifogado.hu/de, tgl. 11–22 Uhr

€€–€€€ | LaBor Bistro Restaurant mit moderner Küche und feiner Speisekarte, eleganter Atmosphäre und erlesener Auswahl an lokalen Weinen. Auch vegane Speisen sowie Mittagsmenüs. ■ Bethlen Gábor utca 1., Tel. 70/883 88 88, www.laborbistro.hu, Di–Do 11–21, Fr 11–22, Sa 10–22, So 10–17 Uhr

Im Blickpunkt

Paracelsus-geprüfter Wein

Bereits im 16. Jh. untersuchte ein Schweizer Arzt und Alchemist namens Theophrastus Bombast von Hohenheim, genannt Paracelsus, die Heilkraft des Tokajer Weins. Während seiner Arbeit bereiste er ganz Europa und besuchte auch Ungarn. Vor Ort in Tokaj untersuchte er den fruchtbaren Boden, die Zusammensetzung sowie die heilende Wirkung des hiesigen Weins. Eine Gedenktafel an der nach ihm benannten Apotheke am Kossuth-Platz erinnert daran.

Bühne

Tokajer Fesztiválkatlan Das Festival bezeichnet genau genommen die Freiluft-Veranstaltungssaison in der ungenutzten Tagebaumine in einmaliger Atmosphäre. Verschiedene Bühnenshows mit bis zu 2500 Zuschauern und ein Eventzentrum mit Vinothek, Veranstaltungsraum, Kaffeehaus, Restaurant, Geschäften und großem Parkplatz. ■ Bodrogkeresztúri út 2., www.fesztivalkatlan.hu, 4. April–4. Sept.

Events

Tokajer Weinlesefestival Weißweine und bunte Kultur: Seit 1932 feiert die Weinregion am ersten Oktoberwochenende ihre Trauben und Weine sowie sich selbst mit einer Weinleseparade, Kochwettbewerben, Weingastronomie-Events, Konzerten, Bühnenshows, Kinderprogramm und mehr. ■ www.tokaj-turizmus.hu

39 Miskolc

Alte Stadt mit einem bunten Programmangebot

Ein Bad im Heilwasser der Höhle von Miskolctapolca ist eine Wohltat für Leib und Seele

Information

- Tourinform, Széchenyi utca 16., 3530 Miskolc, Tel. 46/35 04 25, www.hellomiskolc.hu, Mo–Fr 8.45–16.30, Sa 9–14 Uhr
- Parken: siehe S. 88

Die einstige Industriehochburg hat sich zu einer vielseitigen Touristendestination entwickelt: Die Burg Diósgyőr wartet mit einem tollen Blick über die Stadt auf; einen ebensolchen hat man auch vom Fernsehturm auf dem Avas-Berg, der bedeutend für die hiesige Weinkultur ist. Durch die Innenstadt fließt der Szinva-Bach und führt an der Szinva-Terrasse entlang.

Sehenswert

1 Diósgyőri vár

| Burg |

Vermutlich stand hier schon im 12. Jh. eine Erdburg, die während des Mongolensturms zerstört wurde. In den Türkenkriegen wurde sie zur Festung nach italienischem Vorbild ausgebaut. Nach dem Ende der osmanischen Besetzung verlor sie ihre militärische Bedeutung. Im nordöstlichen Turm richtete man eine Ausstellung zur Geschichte der Burg und des Paulinerklosters ein. Der Nordwestturm dient als Aussichtsplattform. Eine Attraktion ist auch die Wachsfigurenausstellung.

Plan S. 88

■ Vár utca 24., www.diosgyorivar.hu, Nov.–März tgl. 9–17, April–Okt. tgl. 9–18 Uhr, 1500 HUF inkl. Führung, erm. 1200 HUF, Führungen alle 30 Min. ab oberem Burghof

2 Weinkeller am Avas

| Weinverkostung |

Der Avas ist mit seiner zentralen Lage einzigartig in Europa: Hier befinden sich über 900 (!) Keller und Weinhäuser, mehrere davon 300 bis 400 Jahre alt. Die Kellerlinie erinnert an die historische Weinkultur der Stadt, die mit der Reblausepidemie 1880 endete. Von den heutigen gastronomischen Veranstaltungen ist die bedeutendste der »Avasi Borangolás« Mitte Mai.

■ Papaszer utca 2., www.borangolas.hu

3 Fernsehturm Miskolc-Avas

| Aussichtspunkt |

Der Fernsehturm mit einer Aussichtsplattform wurde 1966 in 234 m Höhe errichtet. Bereits 1906 hatte hier ein temporärer hölzerner Aussichtsturm zu Ehren von Franz II. Rákóczi gestanden. Heute ist die Plattform frei zugänglich, zudem gibt es ein Café.

■ Avasi TV torony, Avas kilátó

4 Szinva-Terrasse

| Platz |

Der schmucke Platz am Ufer der Szinva besteht aus Terrassen und Treppen, die zum künstlichen Wasserfall führen, der abends beleuchtet wird.

■ Szinva-Ufer, Höhe Kandia utca 24.

5 Miskolci zsinagóga

| Synagoge |

Die 1856–63 im neoromanischen Stil mit maurischen Elementen erbaute Synagoge ist heute die einzige in Miskolc und dem gesamten Komitat. Infolge eines Streits während der Planungsphase des Baus trennte sich die sephardische Gemeinde ab und betrieb ein eigenes Gebetshaus, das heute nicht mehr steht.

■ Kazinczy utca 7., Mo, Fr 7–13, Di–Do 7–15, So 7–12 Uhr

6 Höhlenbad in Miskolctapolca

| Thermalbad |

18 *Unbegrenzter Badespaß das ganze Jahr über*

Das seit 1723 betriebene Bad befindet sich in einer Höhle oberhalb der Thermalquellen in Miskolctapolca und ist

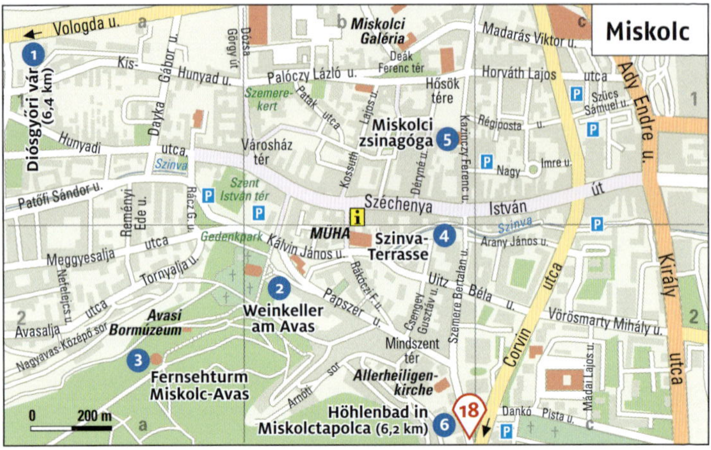

eine der meistbesuchten Sehenswürdigkeiten von Miskolc. Das 30 °C warme Wasser ist besonders bei Gelenkerkrankungen heilsam. Der Salzgehalt ist niedriger als anderswo, sodass man hier auch länger baden kann.

■ Pazár István sétány 1., www.barlangfurdo.hu/en, tgl. 9–20 Uhr, Tagesticket 2600 HUF, erm. 2100 HUF

ADAC Mobil

Bei **Miskolc Bike**, dem öffentlichen Fahrradleihsystem der Stadt, kann man sich einfach auf der Website oder an der Ausleihstation »Bagolyvár« registrieren und ein Ticket für einen Tag (350 HUF), drei Tage (700 HUF) oder sieben Tage (1200 HUF) erwerben. Nach den kostenlosen ersten 30 Min. wird für jede weitere angefangene halbe Stunde eine Ausleihgebühr fällig. *www.mibike.hu/de, 30–60 Min. 200 HUF, 60–90 Min. 250 HUF, 90–120 Min. 300 HUF, danach jede angefangene halbe Stunde 350 HUF*

Parken

In jeder der drei Parkzonen muss Mo–Fr 8–18 Uhr ein Parkticket gelöst werden (grün: 400 HUF/Std., gelb: 220 HUF/Std., lila: 150 HUF/Std.). ■ Karte mit Parkplätzen: www.parkolas.varosgazda.hu

Restaurants

€€ | Kis Anna Fischergarten Familienrestaurant mit großen Portionen und schnellem Service. Sechs verschiedene Fischsuppen, gutes Preis-Leistungs-Verhältnis. ■ Miskolctapolca, Görömbölyi utca 38., Tel. 46/42 29 00, www.kisanna.hu, tgl. 12–22 Uhr, Plan S. 88 südwestl. a2

Kinder

Miskolcer Tiergarten Der Vorgänger des Zoos, der Königliche Wildpark, wurde schon 1355 von Ludwig dem Großen gegründet. Er liegt im Csanyik-Tal neben dem Nationalpark Bükk. 700 Tiere von nahezu 130 Arten sind auf einem 21 Hektar großen Gelände zu sehen. ■ Csanyik-völgy, www.miskolczoo.

hu/de, 15. März–4. Okt. 9–19, 5. Okt.–14. März 9–17 Uhr, 1200 HUF, erm. 900 HUF, Familie 2800 HUF, Plan S. 88 westl. a1

Events

CineFest Miskolc Seit 2004 das führende Filmfestival Ungarns. William Fox, Gründer von 20th Century Fox, und Adolf Zukor, der Paramount schuf, wurden in der Nähe geboren. ■ Mitte Sept., www.cinefest.hu

In der Umgebung

Baradla-Domica-Höhlensystem
| Tropfsteinhöhlen |
Im Aggtelek-Nationalpark nördlich von Miskolc findet sich im Aggteleker und Slowakischen Karst ein Höhlensystem mit spektakulären Stalaktiten- und Stalagmiten-Formationen, das seit 1995 Teil des UNESCO-Weltnaturerbes ist.
■ Tengerszem oldal 1., 3758 Jósvafő, www.anp.hu, Höhlentouren Mai–Aug. 10, 12, 13, 15, 16 und 17, Sept.–April 10, 13 und 15 Uhr, 2400–2900 HUF

40 Lillafüred

8 *Palasthotel, hängende Gärten und Höhlen aktiv entdecken*

Information

■ Ökotouristisches Zentrum Lillafüred, Erzsébet sétány 5., 3517 Miskolc-Lillafüred, info@hellomiskolc.hu, Frühling bis Herbst tgl. 9.30–16.30 Uhr

Lillafüred nennt sich »Perle des Bükk-Gebirges«, und das nicht zu Unrecht. An der Kreuzung der Bäche Szinva und Garadna erwarten Besucher Höhlen und der beliebte Lillafüred-Wasserfall.

Sehenswert

Hotel Palota
| Architektur |
Anfang der 1890er-Jahre beschloss Graf András Bethlen, einen staatlichen Kurort am Hámori-See zu bauen. Die dortige Siedlung wurde dabei nach Bethlens Nichte Elisabeth Vay umbenannt, deren Spitzname Lilla war. Das Hotel wurde 1925–29 im Neorenaissancestil erbaut und sollte an Paläste von König Matthias erinnern. Vor dem Komplex erstreckt sich ein riesiger Park mit botanischen Raritäten. Ab den 1950er-Jahren wurde das Hotel verstaatlicht, bis es 1993 von einer ungarischen Hotelkette aufgekauft wurde.
■ Erzsébet sétány 1., Tel. 46/331411, www.hotelpalota.hu/de

Hängende Gärten
| Park |
Während der Planierarbeiten des Palasthotels wurden aus dem entfernten Gesteinsmaterial auf dem Berghang unterhalb des Hotels die hängenden Gärten errichtet. Mit Terrassen, Bastionen und Mauern wurde der Hang zu einer Art Burg gestaltet. Der Bach Szinva wurde umgelenkt, damit ein steilerer Wasserfall entsteht. Die Promenade der hängenden Gärten bietet neun thematische Stationen, u.a. zu Dichtung und Naturwissenschaft.
■ Fazola sétány

Anna-Höhle
| Höhle |
Die Besonderheit der 570 m langen Höhle ist, dass sie sich in Kalktuff herausgebildet hat; die Aushöhlungen haben sich zu einem einheitlichen Gängesystem verbunden. Es wurde Anfang des 19. Jh. entdeckt und nach

Das Palasthotel von Lillafüred entstand in den 1920er-Jahren

einem Ausbau 1926 für Besucher geöffnet. In der Höhle herrschen das ganze Jahr über 10 °C – warm anziehen! ■ Hámor sétány 1., April–Sept. tgl. 10–16, Okt. tgl. 10–15 Uhr stdl. Führung, Nov.–März tgl. Führung um 12 Uhr (Dauer ca. 30 Min.), 1500 HUF, erm. 1000 HUF

Erlebnisse

Lillafüreder Sesselliftpark Der Sessellift verbindet die Erzsébet-Promenade mit dem Jávor-Berg in 606 m Höhe. Die Bergstation ist zugleich Ausgangspunkt eines Rollerpfades und der 7 km langen Wanderstrecke namens »Oxigen«. ■ Erzsébet sétány 77., www.libegopark.hu, tgl. 9–16 Uhr (je nach Wetter), Retourticket 1500 HUF, erm. 1300 HUF, Tagesticket 5000 HUF, ab 12 Uhr 2500 HUF

Wandern

Lillafüreder Lehrpfad Auf mehrsprachigen Infotafeln werden historische und natürliche Sehenswürdigkeiten vorgestellt, u.a. der Wasserfall, die Geschichte des Hotels, die Lillafüreder Waldeisenbahn und geologische Formationen. Der etwa 2 km lange Pfad startet von der Anna-Höhle und führt stellenweise am Berghang unterhalb des Palasthotels entlang. ■ Unterhalb der hängenden Gärten, ca. 1 Std.

41 Szilvásvárad

Pferde- und Naturzentrum mit dem ungarischen Urwald

Information

■ Tourinform, Szalajka út 1., 3348 Szilvásvárad, Tel. 30/757 16 16, turizmus@szilvasvarad.hu

Das idyllische Szilvásvárad ist das touristische Zentrum des westlichen Bükk-Gebirges. Zu den Highlights gehören der ungarische Urwald und der Schleier-Wasserfall. Beeindruckend ist auch das neobarocke Erdődy-Pallavicini-Schloss, in dessen Hotel (S. 96) man wie ein Fürst nächtigen kann.

Sehenswert

Lipizzaner-Gestüt

| Pferdegestüt |

Das 1888 gegründete staatliche Gestüt widmet sich der ungarischen Lipizzaner-Stammzucht. 1976 kam das Reitsportstadion hinzu, 1980 dann die Reithalle, in der jedes Jahr internationale Reitsportwettbewerbe und Vorstellungen des Nationalen Pferdetheaters stattfinden. Im Rahmen einer Fachführung kann man neben den Pferden u. a. den Paradestall des Markgrafen Alfons Pallavicini und verschiedene Ausstellungen sehen.

■ Egri út 16., www.menesgazdasag.hu/en, tgl. 9–12 und 13–18 Uhr

Ungarischer Urwald im Bükk

| Wald |

Der Urwald der Bükk-Region liegt in 850–900 m Höhe zwischen Istállós-kő und dem Tar-kő (»kő« = Stein). Die ersten 25 Hektar wurden zu Beginn des 19. Jh. von der Landwirtschaft ausgenommen, Graf Pallavicini stellte später das gesamte Gebiet von ca. 375 Hektar der Wissenschaft zur Verfügung. Seitdem hat sich der Mensch nicht mehr in dessen Entwicklung eingemischt: Die 45–50 m großen Buchenriesen sind 180 bis 200 Jahre alt.

■ Bükk-Hochebene, GPS-Daten: N 48°3,502' O 20°26,738'

Schleier-Wasserfall

| Wasserfall |

Der Wasserfall ist die Hauptsehenswürdigkeit des Szalajka-Tals und eine der herausragenden Naturschönheiten Ungarns. Das Wasser fällt über einen 17 m langen und 18 Terrassen umfassenden Kalktuff-Damm herab.

■ Szalajka-Tal/Kertalja utca 5.

Erlebnisse

Bob-Fahren im Szalajka-Tal Neben der Skipiste von Szilvásvárad befindet sich die einzige Einröhren-Bobbahn des Landes. Es ist ein unvergessliches Erlebnis, mit einem Höhenunterschied von 620 m und bis zu 40 km/h durch den Wald zu rasen! ■ Szalajka út 2., www.szilvasvaradbob.hu/en, ab 600 HUF p. P. und Fahrt (Mindestalter 7 J.)

Wandern

Aussichtsturm Kalapat-Berg Der Aussichtsturm auf dem Dach des Kalapat-Bergs in 625 m Höhe wurde im Jahr 2000 übergeben. Auf dem Millennium-Lehrpfad ist er in etwa einer halben Stunde erreichbar. Von hier aus hat man einen Panoramablick auf Szilvásvárad, den Bel-kő, das Szalajka-Tal, den Istállós-kő, die Burg Gerenna und weiter entfernt das Mátra-Gebirge. ■ Kalapat tető Parzellennr. 0152/6, Aussichtsturm März–Juni und Sept.–Okt. tgl. 10–17, Juli, Aug. tgl. 10–19, Nov.–Feb. Fr–So 10–16 Uhr, 500 HUF, erm. 400 HUF

42 Eger

Anmutige Barockstadt zwischen Bükk- und Mátra-Gebirge

Information

■ Tourinform, Bajcsy-Zsilinszky utca 9., 3300 Eger, www.facebook.com/tourinform eger

Das Bükk-Gebirge im Norden, das Mátra-Gebirge im Westen und Weinberge ringsherum: Malerischer könnte Eger nicht liegen. Ein kleiner Bach, der Eger-patak, schlängelt sich durch die

Stadt mit ihren zahlreichen unter Denkmalschutz stehenden Gebäuden. Dann wäre da noch der beeindruckende Burgkomplex auf einer Anhöhe. Und für Weinliebhaber ist Eger sowieso ein Paradies.

Sehenswert

Egri vár

| Burg |

Allein für den Ausblick lohnt sich der Burgbesuch, doch auch ihre Geschichte fasziniert, denn König Stephan gründete hier Schätzungen zufolge im Jahr 1004 das Erzbistum Eger, dessen Gebiet bis zu den Karpaten reichte. Es gibt ein spätgotisches Bischofspalais (»Gótikus palota«) mit einer burggeschichtlichen Ausstellung, Kasematten, ein Lapidarium, ein Panoptikum, einen Kerker und Aussichtspunkte.

■ Vár 1, www.egrivar.hu/en, Burgtor: 31. März–Okt. tgl. 8–22, Nov.–30. März tgl. 8–18 Uhr, Ausstellungen: 31. März–Okt. tgl. 10–18, Nov.–30. März Di–So 10–16 Uhr, 2000 HUF

ADAC Mittendrin

Im **Schönfrauental** (Szépasszonyvölgy) südwestlich von Egers Innenstadt kommen Weinfans voll auf ihre Kosten. Hier finden sich über 200 Weinkeller, wo Sie u. a. den berühmten Rotwein »Egri Bikavér« (Erlauer Stierblut) probieren können. Ein Tipp ist die Winzerei Szépasszonyvölgy 46 mit den Weinen von Ferenc Tóth. Auch für Menschen mit eigeschränkter Mobilität geeignet, da man nicht in die Weinkeller hinabsteigen muss.
www.szepasszonyvolgy.info

Minaret

| Aussichtsturm |

Das Minarett, das pfeilspitz in Egers Himmel ragt, ist ein Überbleibsel aus der Zeit der Osmanenherrschaft. Mit stolzen 40 m handelt es sich um das höchste von drei noch in einwandfreiem Zustand vorhandenen Minaretten in Ungarn. Schwindelfreie Besucher dürfen es über 97 Treppenstufen besteigen. Oben lädt ein sehr schmaler Rundbalkon zu einem sensationellen Panoramablick über die Stadt.

■ Knézich Károly utca, www.minareteger.hu, April, Okt.–3. Nov. tgl. 10–16.45, Mai–Sept. tgl. 10–17.45, 4.–26. Nov. tgl. 10–15.45 Uhr, bei schlechtem Wetter geschl., 400 HUF

43 Noszvaj

Charmantes Dorf mit kreativen, gastfreundlichen Bewohnern

Noszvaj ist ein kleiner Ort mit nur knapp 1800 Einwohnern. Dennoch – oder gerade deshalb – lohnt ein Besuch. Ein gutes Essen aus regionalen Zutaten, ein feiner Wein, ein Sommerspaziergang – man lässt es sich gutgehen, und das sollten Sie hier auch!

Sehenswert

Barlanglakások

| Höhlenwohnungen |

Die Nutzung dieser Höhlen- und Kellerwohnungen im Südosten Noszvajs begann vermutlich Anfang des 19. Jh. Bis in die 1970er-Jahre hatten Menschen hier noch ihren festen Wohnsitz. Heute sind die meisten Höhlen unbewohnt, in einigen leben Künstler, deren Werke vor Ort zu bewundern sind.

■ Honvéd utca 37, in der Regel tgl., solange es hell ist, 400 HUF

De la Motte kastély

| Schloss |

Von der Straße aus wirkt das Schloss hinter seinen Eisentoren beinah unscheinbar. Dabei verbirgt sich dahinter ein wahres Schmuckstück. Baron Sámuel Szepessy ließ die Sommerresidenz 1774–78 im spätbarocken Zopfstil erbauen. Im Interieur beeindrucken französische Details. Das Schloss umgibt ein Englischer Garten – am besten kauft man sich ein Kombiticket.

■ Dobó István utca 10, www.delamottekastely.hu, Zugang vom Tündérkert Hotel nebenan, tgl. 10–17 Uhr, Kombiticket Schloss und Garten 1000 HUF

Cafés

Csendülő So gut wie jeder Ungar kennt den ungarischen Psychiater Imre Csernus, Autor Dutzender Bücher, Fernsehmoderator und ein großer Wein- und Kaffee-Fan! Mit dem Csendülő hat Csernus 2016 nach eigener Aussage ein Café für echte Freigeister eröffnet. Der Kaffee stammt aus der ungarischen Kaffeerösterei 42 Coffee Roastery, die (Bio-)Weine von Csernus selbst, Kuchen und andere Speisen werden mit besten regionalen und saisonalen Zutaten hergestellt. Zum Csendülő gehört auch ein nettes Gästehaus. ■ Deák Ferenc út 46., www.csendulo.hu

44 Mátra-Gebirge

Natur pur auf dem höchsten Berggipfel des Landes

Information

■ Tourinform Gyöngyös, Fő tér 10, 3200 Gyöngyös, Tel. 37/311155, www.gyongyos-matra.hu/de

Der Kékestető ist der höchste Gipfel des Mátra-Gebirges und ganz Ungarns

Tief ein- und ausatmen lässt es sich im Mátra-Gebirge, fernab von Autoabgasen und Stadtlärm. Das Mittelgebirge ist vulkanischen Ursprungs, mit 1014 m bildet der Kékestető die höchste Bergspitze Ungarns. Touristen besuchen das Mátra-Gebirge seit über 130 Jahren. Für Erkundungstouren ist Mátraszentimre ein idealer Ausgangspunkt.

Sehenswert

Kékestető

| Berggipfel |

19 *Aktiv werden auf Ungarns höchstem Gipfel*

Die Bergspitze, zu Deutsch »bläuliches Dach«, ist mit einem in Ungarns Landesfarben angemalten Stein markiert. Im Winter finden Skifahrer hier die längste Piste Ungarns. Sie ist für Anfänger und

Familien geeignet. Auf dem Berg ist man rundum versorgt: Es gibt ein Gasthaus und ein Restaurant, eine Trinkstube und einen Fernsehturm mit Ausblick.
■ GPS-Daten: N 47°52'22.5" O 20°00'29.4"

Sástó

| See |

Auf Ungarns höchstgelegenem See, dem Sástó, kann man Boot fahren, es gibt Spielmöglichkeiten für Kinder und den Abenteuer- und Höhenpark Oxygen Adrenalin Park ganz in der Nähe. Ins Auge fällt der knallgelbe, 53 m hohe, ursprünglich als Ölbohrturm geplante Aussichtsturm. Der Aufstieg ist mühsam, lohnt sich jedoch.
■ Farkas út 1/2, 3200 Gyöngyös, tgl. 9–19 Uhr

Verkehrsmittel

Das Mátra-Gebirge lässt sich am einfachsten mit dem Auto besuchen. Die Anfahrt mit öffentlichen Verkehrsmitteln ist langwierig und kompliziert.

Restaurants

€ | St. Hubertus Restaurant und Pension Die gemütliche Jägerstube bietet regionale Spezialitäten wie »Mátrai borzas szelet«, das jeder Fleischesser unbedingt probieren sollte! ■ II. Rákóczi Ferenc út 2/A, 3242 Parádsasvár, Tel. 20/ 958 00 14. www.hubertuspanzio.hu, tgl. 12–20 Uhr

45 Hollókő

Kleines Dorf voller Tradition inmitten der Gebirgsregion Cserhát

Obwohl nur knapp über 300 Menschen in Hollókő leben, ist das Dorf eine der bekanntesten Ortschaften Ungarns, denn es ist ein wichtiges Zentrum der Volkskunst und UNESCO-Weltkulturerbe. Die Häuser in dem im 17.–18. Jh. entstandenen Ort sind ein authentisches Beispiel für die traditionelle Architektur jener Zeit. Typisch sind die weit hervorragenden Holzdächer und die geschnitzten Lauben.

Sehenswert

Ófalu

| Architektur |

20 *Ein Viertel voller wunderbarer traditioneller Architektur*

Dort, wo die Kossuth utca nicht mehr aus Teer, sondern aus Pflastersteinen besteht, beginnt das UNESCO-Kulturerbe des Dorfes, der verkehrsberuhigte alte Dorfteil. Nach einigen Metern sehen Sie schon die ersten, im traditionellen Palóczen-Stil erbauten Häuser. Bald erreichen Sie die wundervolle kleine Kirche. Hier teilt sich der Weg: Nach links geht es zum Postmuseum (Kossuth utca 80.), zum Puppenmuseum (Kossuth utca 96.) und zum »Lehrpfad unter den Gärten« (Kertek-alja tanösvény). Nach rechts biegen Sie auf die Petőfi Sándor utca ab, die nach wenigen Metern wieder auf die Kossuth utca stößt.

Kinder

Holló Jankó mesejátszótér Wie im Märchen sieht es auf diesem Spielplatz unweit des zentralen Parkplatzes aus, und das ist kein Zufall: »Holló Jankó« ist der Name eines ungarischen Volksmärchens. Der Künstler Boldizsár Kő hat aus dieser Geschichte einen fantastischen thematischen Spielplatz erschaffen. ■ Sport út

Wie ein Freiluftmuseum wirkt der alte Dorfkern von Hollókő

Events

Hollókői Húsvéti Fesztivál Das Hollókőer Osterfest ist ein viertägiges Spektakel mit Volkstänzen, Konzerten und Eierbemalen. Der populärste Programmpunkt ist das »Locsolkodás«, bei dem nach einem alten ungarischen Fruchtbarkeitsbrauch vor allem Mädchen von Jungs mit Wasser übergossen werden. ■ www.husvetifesztival.com

46 Gödöllő

Von Sisi und Franz Joseph geprüfte königliche Sehenswürdigkeiten

Information

■ Tourinform, Patak tér 7., www.gkrte.hu

Die Kleinstadt etwa 30 km nordöstlich von Budapest ist für ihr Schloss berühmt, Lieblingsresidenz von Sisi.

Sehenswert

Gödöllői Királyi kastély
| Schloss |
Sisi liebte Schloss Gödöllő. Nachdem die Kaiserin und ihr Mann Franz Joseph I. 1867 in Budapest zum Königspaar gekrönt worden waren, erhielten sie das Schloss vom ungarischen Volk zur Verfügung gestellt. In den folgenden Jahren wurde Gödöllő ein beliebter Zufluchtsort Sisis. Heute ist das Schloss die größte barocke Anlage in Ungarn. Man kann u.a. den 170 m² großen Prunksaal, Sisis Gemächer und das einzige ungarische Barocktheater besichtigen. Hier finden auch regelmäßig Konzerte statt, im Parterre gibt es ein feines Café.

■ Grassalkovich-kastély 5852, www.kiralyikastely.hu/startseite, April–Okt. Mo–Do 9–17, Fr–So 10–18, Nov.–Mitte Jan., Feb., März Mo–Do 10–16, Fr–So 10–17 Uhr, 2600 HUF, dt. Audioguide 800 HUF

Übernachten

Wer eine Unterkunft in der Miskolcer Innenstadt bucht, hat in dem weitläufigen Stadtgebiet mit den teils etwas weiter auseinanderliegenden Sehenswürdigkeiten den kleinen Vorteil, überall hin dieselbe Entfernung zu haben. Bei Quartieren im Bükk- oder Mátra-Gebirge bzw. im Szalajka-Tal gilt es, zeitig zu reservieren. Richtig fürstlich und romantisch nächtigt man in den Schlosshotels in Lillafüred, Szilvásvárad und Gödöllő.

Tokaj 84

€–€€ | Pension Vaskó Familiengeführte Pension in Spaziernähe zum Zentrum mit elf Zimmern und einem traditionellen Weinkeller. Eigener Parkplatz. ■ Rakoczi ut 12., 3910 Tokaj, Tel. 70/315 84 81, www.vaskopanzio.hu

€€ | Tokajvár Hotel Das Hotel in Bahnhofsnähe bietet saubere, geräumige Zimmer, großzügiges Frühstück und einen Spielplatz. Kleiner kostenloser Parkplatz hinter dem Gebäude. ■ Bajcsy-Zsilinszky Endre út 5., 3910 Tokaj, Tel. 47/35 37 43, www.de.tokajvarhotel.hu

Miskolc 86

€–€€ | CENTER rooms Schöne, moderne und saubere Zimmer in absolut zentraler Lage in der Fußgängerzone von Miskolc. Freundliches, hilfsbereites und aufmerksames Personal. ■ Széchenyi István út 67., 3525 Miskolc, Tel. 30/968 41 40

€€–€€€ | Calimbra Wellness Hotel Das Konferenz- und Wellness-Hotel hat 41 Doppelbettzimmer, acht Apartments und ein behindertengerechtes Zimmer. Freundliches Personal, kameraüberwachter Parkplatz. ■ Bencések útja 9-11., 3519 Miskolc, Tel. 46/79 92 00, www.calimbrawellnesshotel.hu/de

Lillafüred 89

€€€ | Hotel Palota Das Hotel verfügt über 133 komfortable Zimmer. Nostalgische und zeitgemäße Innenarchitektur wechseln sich ab. Unterschiedliche Grundrisse und Zimmertypen. Für Gäste, die besonders romantische Erlebnisse suchen, empfiehlt das Hotel seine Turmzimmer, die durch eine Wendeltreppe erreichbar sind und einen einzigartigen Ausblick bieten. ■ Erzsébet sétány 1., 3517 Lillafüred, Tel. 46/33 14 11, www.hotelpalota.hu/de

Szilvásvárad 90

€€€ | Hotel La Contessa Das elegante Schlosshotel bietet 80 Doppelzimmer und einen großen Wellnessbereich. In den Zimmern garantieren elegante italienische Möbelstücke und Vorhänge ein echtes Schlosserlebnis. ■ Park utca 6., 3348 Szilvásvárad, Tel. 36/56 40 64, www.lacontessa.hu/de

Eger 91

€ | Vintage Apartman Eger Freundlich gestaltetes, praktisches Apartment mitten in Egers Innenstadt. Bis zu vier Personen haben hier Platz (ein Doppelbett, eine Ausziehcouch).

WLAN vorhanden, die Vermieter sprechen Deutsch. ■ Érsek utca 2., 3300 Eger, Tel. 20/980 95 78, www.agria vintage.hu

€€ | Hotel Senator-Ház Geschmackvoll eingerichtetes Hotel in fantastischem, denkmalgeschütztem Gebäude aus dem 17. Jh. Praktische Lage am zentral gelegenen Dobó-Platz. Klimaanlage vorhanden. Empfehlenswertes Restaurant. Das Dreisternehotel hat elf Zimmer und wurde 2005 renoviert. ■ Dobó István utca 11, 3300 Eger, Tel. 36/41 17 11, www.senatorhaz.hu

Mátra-Gebirge 93

€€ | Sástó Hotel In Mátrafüred am Fuß des Gebirges angesiedeltes Dreisternehotel. In dem Neubau gibt es 34 Zweibettzimmer und drei Suiten. Das Erdgeschoss bietet einen für Hotelgäste kostenlos nutzbaren Wellnessbereich (Salzgrotte gegen Aufschlag). Grillmöglichkeit und Spielplatz vorhanden. ■ Farkas utca 4., 3232 Mátrafüred-Sástó, Tel. 37/37 40 25, www.sastohotel.hu

€€€ | Gästehaus Montem Das Montem vereint die Ruhe der Bergregion des Mátra mit minimalistischer Architektur und modernem Design. Gegenüber der Mátraszentisváner Skipiste gibt es hier sieben Zimmer mit Halbpension. Infra- und finnische Sauna sowie Open-Air-Badebottich. Kostenfreier Parkplatz. ■ Ágasvár telep 1439/6, 3235 Mátraszentimre, Tel. 70/251 40 30, www.montem.hu

Hollókő 94

€ | Mikula Porta Einfache Unterkunft für bis zu drei Personen. Das Gebäude ist ein traditionelles ungarisches Bauernhaus mit schönem Garten, nur drei Gehminuten von Hollókős Altstadt entfernt. Ideal als Familienunterkunft. ■ Rákóczi utca 3., 3176 Hollókő, www.facebook.com/mikulaporta

ADAC Das besondere Hotel

Schnell merkt man: Das **Hotel Nomád** ist anders als die anderen. Ein bisschen verrückt-künstlerisch, sehr naturnah, dabei trotzdem hochanspruchsvoll – quasi ein Luxus-Hippie in Form einer Unterkunft. Einerseits gibt es den normalen Hotelbereich in der Standard- und Deluxe-Kategorie, andererseits die Möglichkeit zum Glamping. Gästen, die Lust auf etwas Neues haben, stehen fünf komfortable Zelte, fünf Bungalows und ein Containerhaus zur Verfügung. Dazu gibt es Frühstück zum Dahinschmelzen.

€€ | Síkfőkút utca 5-7., 3325 Noszvaj, Tel. 36/46 33 63, www.nomadhotel.hu

Budapest und Donauknie

Rund um die Hauptstadt, das Herz des Landes, locken wundervolle Berge und charmante Städte an der Donau und der Grenze zur Slowakei

Das Beste kommt bekanntlich zum Schluss: Die ungarische Hauptstadt Budapest ist magisch, aber auch die Umgebung lohnt definitiv einen Besuch. Im Nordwesten, eingeschlossen vom Donauknie, thront das Pilis-Gebirge, dessen Wälder jede Menge Ausflugsmöglichkeiten bieten. Szentendre wiederum erstreckt sich mit seinen bunten Gassen, vielen Museen und Kirchen in Donaunähe, unweit der »Perle am Donauknie«, dem geschichtsträchtigen Visegrád. Weiter östlich erfährt man in Esztergom mit seiner prächtigen Basilika etwas über die katholische Vergangenheit der Stadt. Die Wasserstadt Tata besuchen nicht nur Badegäste gern, auch Zehntausende Wildgänse steuern das schöne Städtchen jedes Jahr an. Schon an der slowakischen Grenze verbreitet Komárom echt europäisches Flair. Kurzum: Die vielseitige Umgebung rund um das lebendige Budapest und das inspirierende Donauknie bieten einen krönenden Abschluss für Ihre Ungarn-Reise!

In diesem Kapitel:

ADAC Top Tipps:

9 **Burgviertel, Budapest**
| Stadtbild |

In den Gassen treffen Barock, Mittelalter und die repräsentative Architektur des 19. Jh. aufeinander. Das Highlight ist der Burgpalast mit seinen Museen und Kunstschätzen. 101

10 **Szentendre**
| Architektur |

Das zauberhafte Städtchen mit seinen schmalen Gassen, orthodoxen Kirchen und interessanten Museen direkt an der Donau ist ideal für Kunst- und Kulturinteressierte. 113

ADAC Empfehlungen:

21 **Centrál, Budapest**
| Kaffeehaus |

Lecken Kuchen essen und feinen Kaffee trinken, wo früher Dichter und Denker über Gott und die Welt zu diskutieren pflegten. 110

47 Budapest

Aufregende Donaumetropole und stolze Hauptstadt Ungarns

Neugotisches Wahrzeichen am Donauufer von Pest – das ungarische Parlament

Information

- Tourinform: Tárnok utca 15., 1014 Budapest (9–18 Uhr); Sütő utca 2., 1052 Budapest (8–20 Uhr); Olof Palme sétány 5., 1146 Budapest (9–19 Uhr); Flughafen Budapest Liszt Ferenc, Terminal 2A (8–22 Uhr) und Terminal 2B (9–21 Uhr); www.budapestinfo.hu/de
- Parken: siehe S. 110

»Budapest, du Wunderbare!« (Budapest, te csodás) sang der ungarische Operettenstar Róbert Rátonyi bereits in den 1940er-Jahren, und das werden garantiert auch Sie sagen, wenn Sie die ungarische Hauptstadt besucht haben. Die 1,8 Mio.-Einwohner-Stadt verzaubert einfach jeden mit ihren prächtigen Bauwerken, den charmanten Kaffeehäusern, den entspannten Thermalbädern, der spannenden Gastrolandschaft, der bewegenden Geschichte und nicht zuletzt seinen pfiffigen Bewohnern.

Buda

Von den Römern bis zur realsozialistischen Vergangenheit

Gemütlich, gepflegt und grün: Das ist Budapests Budaer Seite. Im I. Bezirk erwartet Sie gleich das eindrucksvolle Burgviertel. Mit seinen nur 1,5 km Län-

ge kann man sich hier leicht treiben lassen, die Aussicht genießen oder Kunst und Kultur frönen. Im XI. Bezirk südlich des Burgviertels locken der Gellértberg und das Thermalbad an seinem Fuße. In Óbuda (»Altes Buda«) im Norden wurde um das Jahr 106 die Provinz Pannonia inferior mit der Hauptstadt Aquincum errichtet, das manch einer »das Pompeji Ungarns« nennt. Ein anmutiges Schmuckstück in Óbuda ist der Hauptplatz Fő tér.
Ganz im Norden, in Békásmegyer, erinnert ein Meer von Plattenbauten an die realsozialistische Vergangenheit des Landes. Im Gegensatz zum wuseligen Pest bildet Buda einen Ruhepol.

Plan S. 102/103

Sehenswert

1 Burgviertel

| Stadtbild |

9 *Wo Barock und Mittelalter auf die Architektur des 19. Jh. treffen*

Manch einer nennt Budapest die »Königin der Donau«. Wenn Sie die Stadt mit ihrem spektakulären Donaupanorama erst einmal von oben gesehen haben, verstehen Sie warum. Vom Burgviertel, besonders dem Bereich vor dem Burgpalast, haben Sie einen herrlichen Ausblick auf Budapest mit seiner sich durch die Stadt schlängelnden Donau und den Brücken, die beide Seiten zusammenhalten – am besten suchen Sie den südlich gelegenen Bereich auf, wo u. a. die Statue der Mutter Maria steht (»Mária-anya szobor«).

Der **Burgpalast** (Budavári palota) ist das größte Gebäude Ungarns. Er beherbergt das Historische Museum (Budapesti Történeti Múzeum, auch Burgmuseum – Vármúzeum – ge-

ADAC Mobil

Eine Fahrt mit der alten **U-Bahn-Linie M1** ist ein Muss! Das Budapester U-Bahn-System (ungarisch: »metró«) umfasst vier Linien. Die Linie 1 (»Földalatti«) unter der Prachtmeile Andrássy út war zur Eröffnung 1896 die erste U-Bahn Kontinentaleuropas! Die Linie 4 überzeugt mit spannend designten U-Bahnhöfen.
www.bkk.hu/en, Einzelfahrschein ab 350 HUF

Budapest
5
7
Aquincum
(5,2 km)
6
Margit-sziget
Fő tér
(3,1 km)
Margit híd
Margit k.
Szent István körút
Donau
Bem József u.
Öntödei Múz.
Ganz u.
Király Gyógyfürdő
Fő u.
Bem rakpart
Rotta rakpart
Angelo
Frankel Leó út
Lipthay u.
Tölgyfa u.
Fekete Sas u.
Horvát u.
Kapás u.
Kacsa u.
Vitéz
Medve u.
Gyorskocsi u.
Csalogány u.
Fazekas u.
Jászai Mari tér
Katona József u.
Radnóti u.
Miklós
Balzac u.
Tátra u.
Pannónia u.
Hegedűs Gyula u.
Visegrádi
Kresz Géza
Kádár u.
Váci
Balaton u.
Nyugati pályaudvar
Nyugati tér
Teréz k.
Jókai u.
Podmaniczky
Bajcsy-Zsilinszky út
Id. Antall József rakpart
Széchenyi rakpart
Bálint
Balassi
Falk Miksa u.
Markó u.
Szemere u.
Ignác
Nagy
Szalay u.
Néprajzi Múzeum
Parlament
8
Kossuth Lajos tér
Alkotmány u.
Vajkai u.
Kálmán
Imre
Hold u.
Vadász
Báthory
Honvéd út
Kossuth tér
Batthyány tér
Iskola u.
Donáti u.
Franklin u.
Toldy
Vám u.
Cipők a Duna-parton
9
Sztehlo
Gábor rakpart
Akadémia
Zoltán
Nádor u.
Szabadság tér
Vécsey u.
Hajós
Nagymező
Dessewffy u.
Zichy Jenő u.
Szt. Anna templom
Gimnázium u.
Halászbástya
Mátyás templom
Ferenc u.
Szalag u.
Ponty u.
Bank u.
Sas u.
Herceg-
Széchenyi u.
Arany János u.
Arany János u.
Szent István-bazilika
10
Október 6. u.
Vigyázó Ferenc u.
Opera
Andrássy út
Révay
Paulay Ede u.
Lázár u.
Dalszínház
9
1
Burgviertel
Pala u.
Hunyadi János út
Kettenbrücke
2
Széchenyi lánchíd
Zrínyi
Széchenyi tér
Mérleg
Bajcsy-Zsilinszky
Tárnok u.
Úri u.
Dísz tér
Tóth Árpád sétány
Szt. György u.
Színház
Palota út
Clark Ádám tér
Eötvös tér
József Attila u.
Dorottya u.
Deák F. tér
Király u.
Károly k.
Alagút u.
Palota
Várlaja u.
Friedrich
Lánchíd u.
Duna Jane
Vörösmarty tér
Bécsi u.
Ferenc u.
Deák F. Tér
Sz. D. tér
Vörösmarty tér
Deák tér
Váci u.
Krisztina k.
Gellérthegy
Naphegy
Dózsa György
Dózsa tér
Budavári palota
Budapesti Történeti Múzeum
Haning
Apáczai Csere János u.
korzó
Városház
Gerlóczy u.
Semmelweis
Orvos
Fém
Dezső
Derék
Krisztina körút
Váralja u.
Bom
Apród u.
Döbrentei u.
Szarvas tér
Régiposta u.
Párizsi u.
Haris köz
Ferenciek tere
Ferenciek
21
Tabán
Kereszt u.
Rác Gyógyfürdő
Attila út
rakpart
Donau
Szabadsajtó út
Veres Pálné u.
Váci u.
Cukor u.
Károlyi
Tigris u.
Czakó u.
Gáteotti u.
Aladár u.
Hegyalja út
Döbrentei tér
Erzsébet híd
Molnár
Irányi
Nyáry Pál u.
Sánc
Orom u.
Rudas Gyógyfürdő
4
Szent Gellért rakpart
Pesti alsó rakpart
Sörház u.
Szerb
Berényi u.
Szirtes út
Mihály
Számadó u.
Bérc u.
Gellért-hegy
Citadella
Szirtes út
Kocsány u.
Citadella
Gellért-fürdő (380 m)
3
Fővám tér
Molnár u.
Váci u.
a
b
c
1
2
3
4
5

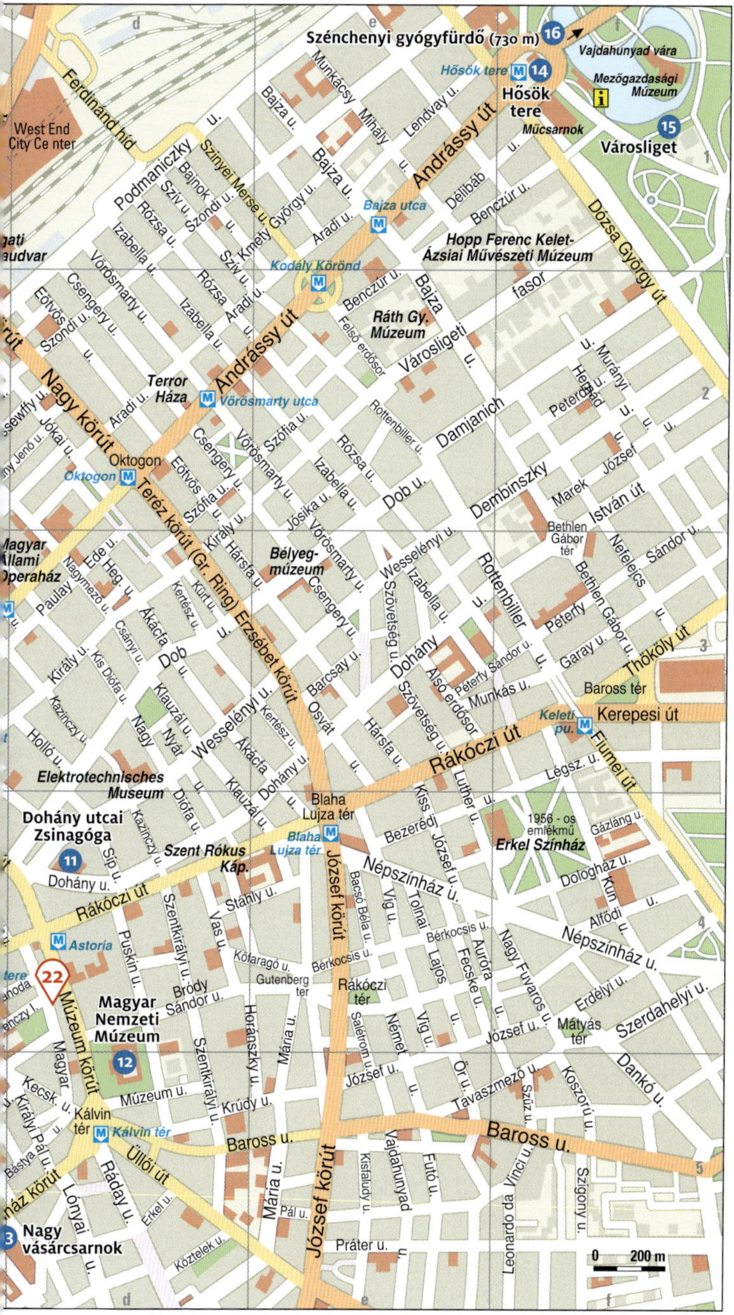
Szénchenyi gyógyfürdő (730 m)
16
Vajdahunyad vára
Hősök tere
14
Hősök tere
Mezőgazdasági Múzeum
Műcsarnok
15
Városliget
West End City Ce nter
Ferdinánd híd
Podmaniczky u.
Szinyei Merse u.
Munkácsy Mihály u.
Lendvay u.
Andrássy út
Bajza u.
Bajza utca
Délibáb
Benczúr u.
Dózsa György út
Hopp Ferenc Kelet-Ázsiai Művészeti Múzeum
Kodály Körönd
Ráth Gy. Múzeum
Városligeti fasor
Felső erdősor
Terror Háza
Vörösmarty utca
Nagy körút
Oktogon
Teréz körút (Gr. Ring) Erzsébet körút
Rottenbiller u.
Damjanich
Dob u.
Dembinszky
Bethlen Gábor tér
István út
Magyar Állami Operaház
Bélyeg-múzeum
Wesselényi u.
Dohány u.
Thököly út
Baross tér
Keleti pu.
Kerepesi út
Rákóczi út
Fiumei út
Elektrotechnisches Museum
Dohány utcai Zsinagóga
11
Blaha Lujza tér
Szent Rókus Káp.
Erkel Színház
1956 - os emlékmű
Népszínház u.
József körút
Astoria
22
Magyar Nemzeti Múzeum
12
Múzeum körút
Kálvin tér
Üllői út
Baross u.
Rákóczi tér
Mátyás tér
Szerdahelyi u.
Dankó u.
Nagy vásárcsarnok
Ráday u.
Práter u.
Leonardo da Vinci u.
0 200 m

nannt), die Nationalgalerie (Magyar Nemzeti Galéria) und die Nationalbibliothek (Országos Széchényi Könyvtár). In der Nationalgalerie (Haupteingang von Flügel C des Burgpalasts) kann man locker mehrere Stunden verbringen und sich in der großen Sammlung ungarischer bildender Kunst und internationaler Kunst ab 1800 verlieren. Auch der Museumsshop lohnt einen Besuch.

■ Szent György tér 2., das Gelände ist durchgehend und kostenlos zugänglich. Nationalgalerie: Di–So 10–18 Uhr, Dauerausstellung 3200 HUF; Historisches Museum (Burgmuseum): Di–So 10–18 Uhr, 2400 HUF; Széchenyi-Nationalbibliothek: Di–Sa 9–20 Uhr, 1200 HUF (Tageskarte)

In der **Matthiaskirche** (Mátyás-templom) fand die Krönung des österreichischen Kaiserpaars Franz Joseph I. und Elisabeth (»Sisi«) zum ungarischen Königspaar statt. Die katholische Kirche ist ein neugotisches Schmuckstück, und ihre ca. 150 000 Dachziegel von Zsolnay bilden ein beeindruckendes Muster. Das Innere der 700-jährigen Kirche ist genauso fantastisch wie das Äußere. Der knapp 80 m hohe Glockenturm lässt sich besteigen und bietet eine wunderbare Aussicht.

■ Szentháromság tér 2, www.matyas-templom.hu, Mo–Fr 9–17, Sa 9–12, So 13–17 Uhr, Kirche und Glockenturm jeweils 1800 HUF

ADAC Spartipp

Die meisten Touristen nehmen es in Kauf, sich in die lange Schlange der Standseilbahn (»Sikló«) auf dem Clark Ádám tér zu stellen, um gegen stolze 1400 HUF in nur zwei Minuten auf den **Burgberg** zu kommen, denn die Seilbahn ist charmant. Alternativ – und gratis – können Sie in knapp zehn Minuten auf dem Weg links des Sikló-Startpunkts, an einem riesigen Mosaik des Ungarnwappens vorbei, hochspazieren.

Der Name der **Fischerbastei** (Halászbástya) rührt daher, dass sie auf den Überresten der alten Stadtmauer des Burgviertels steht, die im Mittelalter von der Fischerzunft gesichert und verteidigt wurde. Erbaut wurde sie zwischen 1895 und 1902. Heute dient sie als Aussichtsterrasse, von der aus man einen tollen Ausblick auf die Donau und das Parlament hat.

■ Szentháromság tér, tgl. durchgehend geöffnet, Eintritt frei bis auf: obere Terrasse 16. März–30. April 9–19, Mai–15. Okt. 9–20 Uhr 1000 HUF, sonst kostenlos

2 Széchenyi lánchíd
| Brücke |

Sie ist der Star vieler Postkarten: Die prachtvolle, 1849 fertiggestellte Kettenbrücke war die erste feste Brücke zwischen Buda und Pest. Ihr Bau wurde von Graf István Széchenyi angeregt. Während des Zweiten Weltkriegs wurden alle Budapester Brücken, darunter auch die Kettenbrücke, gesprengt – heute erstrahlt sie wieder in ihrem alten Glanz.

3 Gellért-fürdő
| Thermalbad |

Das zwischen 1912 und 1918 erbaute Gellért-Thermalbad ist innen wie außen mit Abstand das schönste in ganz Budapest. Die Gestaltung im Jugendstil beeindruckt schon im Eingangsbereich, drinnen gibt's weitere wunderschöne Mosaike. Das Wellenbecken im

Durchgang zu einer Märchenburg – der Fischerbastei im Burgviertel

Außenbereich des fast 100 Jahre alten Bads galt seinerzeit in der ganzen Region als Sensation.

■ Kelenhegyi út 4., www.gellertbath.hu, tgl. 6–20 Uhr, werktags 5900 HUF, Sa, So, Fei 6100 HUF

4 Gellért-hegy

| Aussichtspunkt |

Hinauf zum Gellértberg gelangt man per Bus oder per kurzem, steilem Spaziergang. Wenn Sie einen der dem Fluss zugewandten Wege nach oben wählen, passieren Sie die in Stein geschlagene Felsenkirche (Gellért-hegyi sziklatemplom). Von hier aus ist es nicht mehr weit bis zur Zitadelle auf der Spitze des Berges, wo Sie mit einem atemberaubenden Ausblick auf Budapest und die glitzernde Donau belohnt werden. Hier oben – am Ostende der Zitadelle – steht auch die Budapester Freiheitsstatue (Szabadság-szobor): eine 14 m große Frauengestalt, die ein Palmenblatt in die Höhe hält. Wenn Sie in nordwestlicher Richtung vom Berg hinunterspazieren, können Sie im »Garten der Philosophen« (Filozófusok kertje) verschnaufen.

5 Fő tér

| Platz |

Der »Hauptplatz« ist der schönste Platz Óbudas. Im Osten des Fő tér steht das im 18. Jh. erbaute Schloss Zichy (Zichy-kastély). Heute beherbergt der Gebäudekomplex mehrere Museen, u.a. das empfehlenswerte Vasarely-Museum (Szentlélek tér 6.) mit den Werken des berühmten ungarischen Op-Art-Künstlers Victor Vasarely. Der Hauptplatz befindet sich parallel zur Óbudaer Insel (Óbudai-sziget) und unweit der Brücke Árpád híd.

6 Margit-sziget

| Flussinsel |

Von der Árpád-Brücke aus können Sie auf die schöne Margareteninsel spazieren. Sie umfasst einen großen Park u. a. mit Schwimm- und Freibad sowie gastronomischen Angeboten. Am Südende ist die Insel mit der Margaretenbrücke (Margit híd) verbunden.

7 Aquincum

| Ausgrabungsstätte |

Das von den Römern gegründete Aquincum war der Hauptsitz der Provinz Niederpannonien (Pannonia inferior). Das Soldatenlager bauten sie auf dem Gebiet des heutigen Óbuda auf, während die bürgerliche Siedlung, wo bis zu 15 000 Menschen lebten, etwas weiter nördlich angesiedelt war.

Das Aquincum-Museum eröffnete bereits 1894. Mehrere Ausstellungen geben ausführliche Informationen über die Römersiedlung, und der archäologische Park zeigt etwa ein Drittel der Fläche der ehemaligen bürgerlichen Stadt.

■ Szentendrei út 135-139., www.aquincum.hu/en, Ausstellungen April–Okt. 10–18, Nov.–März 10–16 Uhr, Archäologischer Park April–Okt. 9–18, Nov.–März 10–16 Uhr, außer bei rutschigen Wetterverhältnissen

Restaurants

€€ | Franziska Wenn Ihnen sorgfältig gewählte Zutaten, gesunde Ernährung und kreative Gerichte am Herzen liegen, werden Sie das Franziska mögen. Viele vegetarische und vegane Alternativen, geschmackvolle Einrichtung! ■ Iskola utca 29., www.franziska.hu, Mo 7.30–16, Di, Mi 9–18, Do, Fr 7.30–18, Sa, So 9–16 Uhr, Plan S. 102/103 a2

Cafés

€ | Bambi Eszpresszó Einmaliges Café mit authentischem Ostblock-Charme in der realsozialistischen Einrichtung, Terrasse und Innenbereich. Auf der Karte stehen ungarische Klassiker wie »melegszendvics« (ein Stück Weißbrot mit überbackenem Käse und Ketchup), Debrecziner Würste, Kuchen, Kaffee, Bier und Fruchtsirup. ■ Frankel Leó utca 2-4., www.facebook.com/bambieszpresszo, Mo–Fr 7–22, Sa, So 9–22 Uhr, Plan S. 102/103 a1

Einkaufen

Fény utcai piac Auf dem »Markt in der Fény utca« gibt es jede Menge lokale und saisonale Leckereien. Ältere Damen verkaufen Gemüse und Obst aus ihrem Garten, Metzger gute Wurst vom Wollschwein (Mangalica), und der »Lángos«-Stand im 1. Stock (Lángos Land) ist legendär. ■ Lövőház utca 12., www.fenyutcaipiac.hu, meist tgl. 6–14 Uhr, Plan S. 102/103 westl. a2

FIAN Koncept Store Zeitgenössische ungarische Designprodukte, originelle Geschenkideen und nicht alltägliche Souvenirs von Postkarten bis Schmuck im Budaer Burgviertel. ■ Úri utca 26-28., www.facebook.com/fiankoncept, tgl. 10–18 Uhr, Plan S. 102/103 a3

Kneipen, Bars und Clubs

Kobuci kert Netter Biergarten und Veranstaltungsort in Óbuda im Innenhof des Schloss-Zichy-Komplexes. Hier gibt es regelmäßig Konzerte in erster Linie ungarischer Musiker, leckeres Essen und eine gute Getränkeauswahl. ■ Fő tér 1., www.kobuci.hu, Mo–Fr ab 16, Sa, So ab 11 Uhr, Plan S. 102/103 a1

Wandern

Budai hegység Die Budaer Berge eignen sich wunderbar für Wanderungen verschiedener Schweregrade. Beliebte Ausflugsziele sind z. B. der János-hegy mit Aussichtsturm. Der Berg lässt sich auch bequem per Sessellift (»libegő«, Startpunkt: Zugligeti út 97.) erreichen.
■ Plan S. 102/103 westl. a1, praktischer Tourenplaner für Wanderrouten auf www.termeszetjaro.hu/de/tourenplaner

Pest

Vom Wahrzeichen Budapests bis zum jüdischen Viertel

Die Pester Seite ist quirlig und bunt. Im V. Bezirk steht mit dem Parlament das Wahrzeichen Budapests. Weiter im Süden ragt die Stephansbasilika in die Höhe. Im VI. und XIV. Bezirk rund um die Prachtmeile Andrássy út erwarten Sie Kultur, Shopping, Restaurants und Cafés. Hier findet sich auch die Oper (Andrássy út 22.), die derzeit renoviert wird. Der VII. Bezirk, das ehemalige jüdische Viertel, ist eine Partyhochburg, hat aber eine tragische Vergangenheit, denn im Zweiten Weltkrieg wurde der Stadtteil als Judenghetto von der Umgebung abgeriegelt und für Tausende der eingeschlossenen Menschen zum Grab.

Sehenswert

8 Parlament
| Architektur |

Der Anblick des Parlaments wirkt trotz der politischen Missstände im Land hypnotisierend. Zu verdanken ist dies Architekt Imre Steindl, der für die Pläne des zwischen 1884 und 1902 mühsam errichteten Baus verantwortlich zeichnet. In der Halle unter der 96 m hohen Kuppel ist in einem Glaskasten die berühmte Stephanskrone ausgestellt. Der im Jahr 1000 gekrönte Stephan war der erste ungarische König. Auch wenn diese Krone größtenteils aus dem 11. Jh. stammt und ver-

Die Stephansbasilika ist dem ersten ungarischen König, Stephan I., geweiht

In der Großen Markthalle von Budapest darf natürlich auch Paprika nicht fehlen

mutlich nicht zur Krönung Stephans verwendet wurde, ist ihr Anblick beeindruckend. Das Parlament kann im Rahmen von Führungen besichtigt werden (ca. 50 Min.).

■ Kossuth Lajos tér, Ticketbüro im Besucherzentrum (unterirdisch an der Nordseite des Parlaments), April–Okt. tgl. 8–18, sonst bis 16 Uhr, Ticketkauf am besten online: www.jegymester.hu/eng/Production/480000/Parlamenti-latogatas, Führungen auf Deutsch tgl. 10, 13.30 und 14.30 Uhr, Eintritt EU-Bürger 3500 HUF

9 Cipők a Duna-parton
| Mahnmal |

Das Holocaust-Mahnmal von Gyula Pauer und Can Togay erinnert eindrucksvoll an die Massenerschießungen von in erster Linie jüdischen Budapestern 1944/45 an verschiedenen Orten des Budapester Donauufers. Es zeigt zahlreiche, nebeneinander aufgereihte Schuhe aus Metall. Die meisten Menschen, die kaltblütig durch ungarische Faschisten, die sogenannten Pfeilkreuzler, ermordet wurden, brachte man direkt aus dem Ghetto an die Donau.

■ Antall József rkp.

10 Szent István-bazilika
| Kirche |

Der Neorenaissance-Bau (1851–1906) ist das größte Gotteshaus der Stadt. Die bedeutendsten Kunstwerke in der Stephansbasilika sind das Altargemälde von Gyula Benczúr, die Statuen von Alajos Stróbl und die Malerei an der 96 m hohen Kuppel. Außerdem wird hier die mumifizierte Hand König Stephans, eine bedeutende Reliquie, ausgestellt. Der Ausblick von der Terrasse ist großartig.

■ Szent István tér 1., http://de.bazilika.biz, Mo–Sa 9–19, So 7.45–19 Uhr, Aussichtsterrasse und Schatzkammer 1000 HUF, freiwillige Spende (200 HUF) für die Basilika

11 Dohány utcai Zsinagóga

| Synagoge |

Die 1859 fertiggestellte Synagoge mit ihren maurisch-byzantinischen Zwiebeltürmen ist das größte jüdische Gotteshaus Europas. Im Hof steht der »Gedenkbaum Emanuel« des Bildhauers Imre Varga (1923–2019). Auf fast allen chromstählernen Blättern des an eine Trauerweide erinnernden Baumes steht ein Name in Gedenken an die Opfer des Holocausts. In einem Seitenflügel der Synagoge befindet sich das Jüdische Museum (Magyar Zsidó Múzeum) mit einer umfangreichen Sammlung von Judaica von der Römerzeit bis zum 20. Jh.

■ Dohány utca 2., in der Regel März–Ende April, Okt. So–Do 10–18, Fr bis 16, Ende April–Sept. So–Do 10–20, Fr bis 16, Nov.–Feb. So–Do 10–16, Fr bis 14 Uhr, 5000 HUF

12 Magyar Nemzeti Múzeum

| Museum |

Das Nationalmuseum ist Ungarns größtes Museum und beherbergt Sehenswertes sowohl für Kunst- als auch Geschichtsinteressierte. Eines der bekanntesten Exponate ist der Krönungsmantel aus dem Jahr 1031, den Stephan I. herstellen ließ. Beliebt – v. a. bei Studenten der nahe gelegenen ELTE-Uni – ist auch der Park, der sich rund ums Museum erstreckt.

■ Múzeum krt. 14-16., www.mnm.hu/en, Di–So 10–18 Uhr, 2600 HUF (Dauerausstellung)

13 Nagy vásárcsarnok

| Markthalle |

Die wenige Meter von der Freiheitsbrücke (Szabadság híd) entfernte Große Markthalle ist mit Sicherheit die schönste Markthalle Budapests. Ihre Architektur, das bunte Treiben und das große Warenangebot machen sie zu einem Ort, an dem man sowohl gut shoppen als auch nur staunen kann. Im Erdgeschoss gibt es an Hunderten Ständen Lebensmittel, natürlich auch das ungarische Paprikapulver, die geräucherte Kolbász-Wurst und den Obstschnaps »Pálinka«. Im ersten Stock warten (teils überteuerte) Souvenirs wie T-Shirts, Magneten, Schlüsselanhänger und warme Speisen von der Blutwurst bis zum ungarischen Teigfladen, dem »Lángos«.

■ Vámház körút 1-3., Mo 6–17, Di–Fr 6–18, Sa 6–15 Uhr

14 Hősök tere

| Platz |

Der Heldenplatz mit seinem Millenniumsdenkmal (Millenniumi emlékmű) ist einer der wenigen Plätze in Budapest, der einen weiten, offenen Blick zulässt. Der Platz wurde zur Jahrtausendfeier der Landnahme geplant und 1927 fertiggestellt. In einer halbkreisförmigen Säulenreihe stehen Skulpturen von bedeutenden historischen Gestalten Ungarns wie König Stephan, Béla IV. und König Matthias. Auch große Kunst ist hier zu entdecken: Wenn Sie auf die Kolonnade blicken, ist links von Ihnen das Museum der Bildenden Künste (Szépművészeti Múzeum) und rechts die Kunsthalle (Műcsarnok) angesiedelt.

15 Városliget

| Park |

Vom Heldenplatz sind es nur ein paar Schritte bis ins 100 Hektar große Stadtwäldchen. Auf dem künstlich angelegten See (Olof Palme sétány 5.) kann man im Sommer Boot fahren und im Winter Schlittschuh laufen (Infos auf www.mujegpalya.hu/en). In der Vaj-

dahunyadvár (Vajdahunyad-Burg) ist das Landwirtschaftsmuseum beheimatet. Spannender ist jedoch ihr Äußeres, denn der Architekt ließ sich von verschiedenen Baustilen inspirieren, weshalb die einzelnen Gebäudeteile Stilelemente aus Romanik, Gotik und Renaissance aufweisen.
Im Rahmen des umstrittenen Bauprojekts »Liget Budapest« soll im Stadtwäldchen bis Ende 2020 ein Museumsviertel errichtet werden.

16 Széchenyi gyógyfürdő
| Thermalbad |

In dem sonnengelb angestrichenen Bad gibt es zwölf Innen- und drei Außenbecken, Saunen und Dampfkabinen, einen Fitnessraum, ein Buffet, ein Restaurant und ein Palmenhaus. Das Highlight ist der Außenbereich, der einer prächtigen Schlossanlage gleicht.
■ Állatkerti krt. 9-11., www.szechenyibad.hu, tgl. 6–22 Uhr, Tageskarte mit Kabinenbenutzung ab 6000 HUF. Das Bad kann außerdem tgl. um 10.30 und 16 Uhr für 3000 HUF im Rahmen einer englischsprachigen Führung besichtigt werden.

Verkehrsmittel

In Budapest verkehren neben der Metro (S. 101) auch Trams, (Trolley-) Busse und S-Bahnen der **Budapester Verkehrszentrale** sowie Linienboote.
■ www.bkk.hu/en

Parken

Erkundigen Sie sich in Ihrer Unterkunft nach Parkmöglichkeiten oder wählen Sie eine kostenpflichtige Tiefgarage, in der Ihr Auto garantiert sicher steht. Care Park (www.carepark.org) betreibt mehrere Garagen in der Stadt, z. B. **Care Park Opera**, Zichy Jenő utca 9., 600 HUF/Std., 7200 HUF/Tag (Plan S. 102/103 c3), und **Franklin Ház**, Reáltanoda utca 5., 8–20 Uhr 600 HUF/Std., 20–8 Uhr 300 HUF/Std., 6500 HUF/Tag (Plan S. 102/103 c4).

Restaurants

€€ | Babka Die Küche des Babka (Name eines Kuchens aus Israel) ist jüdisch-nahöstlich inspiriert, es gibt aber auch ungarische Gerichte. Außerdem gute Weine und Cocktails. Im Sommer kann man sich auf die Terrasse setzen und dem Kommen und Gehen auf der Pozsonyi út zusehen. ■ Pozsonyi út 3., Tel. 61/789 96 72, www.facebook.com/babkabudapest, Do–Sa 10–1, So, Mo 10–24, Di, Mi 18–24 Uhr, Plan S. 102/103 südl. c5

€€ | Gettó Gulyás Essen wie bei der (ungarischen) Oma: Das ist hier das Motto. Kosten Sie z. B. einen der vielen »Pörkölt«-Eintöpfe! Auch das Tagesmenü ist empfehlenswert. ■ Wesselényi utca 18., Tel. 20/376 44 80, www.facebook.com/gettogulyas, So–Do 12–23, Fr, Sa 12–24 Uhr, Plan S. 102/103 d3/4

€€ | VakVarjú In der »Blinden Krähe« serviert man ungarische Spezialitäten mit modernem Twist und internationale Gerichte. Die reichhaltigen, im Ofen gebackenen »Lángos« sind ideal für den großen Hunger. Spielecke vorhanden. ■ Paulay Ede utca 7., Tel. 1/268 08 88, www.pest.vakvarju.com, tgl. 11–24 Uhr, Plan S. 102/103 c3

Cafés

21 **Centrál** Das bis 1887 zurückdatierende Centrál im V. Bezirk unweit des U-Bahnhofs Ferenciek tere mag nicht so pompös sein wie das New York Kávéház, dafür hat es das Kaffee-

haus-Flair bis heute bewahrt. Früher war es Treffpunkt von Schauspielern und Literaten, darunter Endre Ady, dem mit einem Bild Respekt gezollt wird. Es gibt feinsten Kaffee und Kuchen. ■ Károlyi Mihály utca 9., www.centralkavehaz.hu, Plan S. 102/103 c4

New York Kávéház Im 1894 eröffneten »New York Kaffeehaus« fühlt man sich wie im Museum: Alles glänzt, ist prächtig verziert und rundum eine Augenweide. Wenn auch nicht ganz günstig, so schmecken hier Kaffee, Kuchen und die warmen Speisen (z. B. Kartoffelsuppe mit Trüffeln) hervorragend! ■ Erzsébet krt. 9-11., tgl. 8–24 Uhr, www.newyorkcafe.hu, Plan S. 102/103 e3

Terv Presszó Gemütliches Café nahe der Basilika. Die Wände sind voll mit alten Schwarz-Weiß-Fotografien, Neonschildern und anderen ungarischen Memorabilien. Das Kastanienpüree auf der Dessertkarte schmeckt hervorragend! ■ Nádor utca 19., So–Do 12–23, Fr, Sa 12–24 Uhr, www.facebook.com/terv-presszo, Plan S. 102/103 b3

Einkaufen

22 **Csendes Concept Store (Art N Craft)** Von einmaliger Töpferware über ungarische Filmplakate bis zu handgemachtem Fruchtsirup: In diesem Laden werden Einkaufsträume für Individualisten wahr! ■ Magyar utca 16., www.facebook.com/CsendesStore, Mo–Sa 11–19 Uhr, Plan S. 102/103 d4

Kneipen, Bars und Clubs

Kisüzem Unaufgeregte, künstlerisch angehauchte Kneipe mit Wohlfühlatmosphäre. Tagsüber lässt es sich gut zum Kaffeetrinken vorbeischauen, abends locken Konzerte und eine gute Getränkeauswahl und leckere Panini-Sandwiches! ■ Kis Diófa utca 2., www.facebook.com/Kisuzem, So–Mi 12–2, Do–Sa bis 3 Uhr, Plan S. 102/103 d3

Szimpla kert Eine der ersten »Ruinenkneipen« – Kneipen in ehemaligen Wohnhäusern – war 2001 das Szimpla. In der zweistöckigen, bunten Kneipe ist immer was los. Es gibt verschiedene Theken, einen Innenhof unter freiem Himmel, man kann essen, trinken und Wasserpfeife rauchen. Es werden Konzerte, Märkte und Kochaktionen für Hilfsbedürftige veranstaltet – und natürlich wird gefeiert! ■ Kazinczy utca 14., www.szimpla.hu, Mo–Fr 12–4, Sa 9–4, So 9–5 Uhr, Plan S. 102/103 d4

48 Pilis-Gebirge

Vom Jagdgebiet der Könige zum beliebten Erholungsgebiet

Information

■ Nationalparkverwaltung Duna-Ipoly, Költő utca 21., 1121 Budapest, Tel. 1/391 46 32, www.dinpi.hu

■ Forstverwaltung Pilisi Parkerdő Zrt., Mátyás király utca 6., 2025 Visegrád, Tel. 26/59 80 00, informacio@pprt.hu

Unweit der Hauptstadt erstrecken sich mit die schönsten Berge Ungarns: das Pilis-Gebirge, auch »der Pilis« genannt. Im Mittelalter wurden an den unbewaldeten Hängen Weinstöcke gepflanzt, die dichten Wälder entstanden erst später. Im Mittelalter Jagdrevier der Könige, ist es seit dem 19. Jh. ein offizielles Erholungsgebiet und beliebtes Wanderziel. Der Name des Gebirges leitet sich übrigens vom alten Wort für Tonsur ab, denn so wurde der kahle Berggipfel genannt.

Nördlich von Budapest am Donauknie lädt das Pilis-Gebirge zum Wandern ein

Sehenswert

Berg Pilis

| Aussichtspunkt |

Der mit 756 m höchste Berg des Gebirges wird auch Pilis-Dach (»Pilis-tető«) genannt. Hier befand sich jahrzehntelang die Raketenbasis zur Luftverteidigung der Ungarischen Volksarmee, die jedoch nach dem Systemwechsel aufgelöst wurde. Auf dem höchsten Punkt wurde 1976 ein Aussichtsturm errichtet, der ein schönes 360-Grad-Panorama bietet.

■ Erreichbar ab Pilisszántó auf der grün markierten Wanderroute

Gefällt Ihnen das?

Bergfreunde werden nicht nur vom Pilis-Gebirge begeistert sein, sondern auch von **Lillafüred** (S. 89), vom **Bükk-Gebirge** bei Szilvásvárad (S. 90) und besonders vom **Mátra-Gebirge** (S. 93).

Dera Szurdok

| Schlucht |

Dera Szurdok ist eine etwa 600 m lange Talschlucht am Dera-Bach in der Nähe der Bruchlinie zwischen den Kalksteinfelsen des Pilis und den vulkanischen Felsen des Visegrád-Gebirges. Unter dem Grund der Schlucht bildete sich ein kleineres Höhlensystem, und es entstand eine charakteristische Vegetation, der Schluchtwald. Ein Lehrpfad führt über kleine Holzbrücken.

■ Erreichbar ab Pilisszentkereszt

Rám-szakadék

| Schlucht |

Die Rám-Schlucht gehört wegen ihrer Naturschönheiten zu den bekanntesten Zielen im Pilis. Der Legende nach befindet sich im Rám-Berg das Herzchakra der Erde, der Berg ist demnach ein besonders starkes Energiezentrum. In jedem Fall bietet er eine grandiose Aussicht auf die Erhöhungen Prédikálószék und Dobogó-kő.

■ Dömös, Macskások-Nyilasok dűlő

Burschenhöhle und Mädchenhöhle

| Höhlen |

Oberhalb von Klastrompuszta befinden sich die beiden »Geschwisterhöhlen«: Mädchenhöhle und Burschenhöhle. Sie sind Teil des Ariadne-Höhlensystems, des drittlängsten und vierttiefsten Höhlensystems in Ungarn. Die bisherige Ausgrabung hat eine Länge von fast 16 km und eine vertikale Ausdehnung von 204 m.

Etwa 50 m von der Mädchenhöhle entfernt befindet sich ein viel breiterer Eingang zur rund 3300 m langen Burschenhöhle. Die labyrinthartigen Durchgänge der Höhle, die sich abwechselnden Verengungen und Hallen und ihre Formationen erinnern sehr an jene in der Mädchenhöhle, weshalb bereits 1953–54 festgestellt wurde, dass die beiden Höhlen schon früh ein gemeinsames System bildeten und nur die Verbindungsgänge verstopft wurden. 1997 wurde wieder ein Durchgang geschaffen. Das Interessante an der Burschenhöhle ist, dass bei den Ausgrabungen Werkzeuge einer Geldfälscherwerkstatt aus der Zeit von Ferdinand I. entdeckt wurden.

■ Erreichbar ab Klastrompuszta/Kesztölc

49 Szentendre

10 *Zauberhaftes Künstlerstädtchen im Donauknie*

Information

■ Tourinform, Dumtsa Jenő utca 22., Tel. 26/3179 65

Szentendre (Sankt Andrä) liegt ca. 20 km nördlich von Budapest, was die 26 000-Einwohner-Stadt zum beliebten Ausflugsziel am Wochenende macht. Dank der Lage im Donauknie ist auch die romantische Fahrt per Schiff hierher möglich (ab dem Budapester Platz Vigadó tér). Charakteristisch für die Donaustadt sind die schmalen Gassen und die bunten, eng aneinandergebauten Häuser. Mittelpunkt ist der Hauptplatz (Fő tér) mit dem wertvollen schmiedeeisernen Pestkreuz von 1752 und der serbisch-orthodoxen Blagovescenska-Kirche.

Sehenswert

Szentendrei Szabadtéri Néprajzi Múzeum

| Freiluftmuseum |

23 *Ungarns architektonische Traditionen unter freiem Himmel*

Im Freiluftmuseum Skanzen kann man die Volksarchitektur des Karpatenbeckens hautnah erleben und dabei locker einen halben Tag verweilen. Hier, im größten Freiluftmuseum Ungarns, wird auf 63 Hektar die ungarische Architektur vom 18. bis 20. Jh. vorgestellt. Zu sehen sind sowohl originale als auch nachgebaute Wohnhäuser, Mühlen und Kirchen aus acht Regionen des Landes.

■ Sztaravodai út 75., www.skanzen.hu/en, 15.–17. sowie 23., 24. März 9–17, 30. März–27. Okt. Di–So 9–17, 29. Okt.–3. Nov. Di–So 9–16, 9., 10. Nov. 9–18 Uhr, Adventswochenenden 9–16 Uhr, 2000 HUF, Familienticket: 1800 HUF/Elternteil und 800 HUF/Kind (6–18 J.), Ticketkauf online: www.jegymester.hu

Museen in der Altstadt

| Museen |

Zu Szentendres kreativem Flair trugen insbesondere die Künstler bei, die Anfang des 20. Jh. hierherzogen. Einen guten Einblick in die Geschichte der Künstlerkolonie und in das Werk der bedeutenden Künstlerfamilie Ferenczy bietet das zwischen dem Bahnhof und der Altstadt gelegene Ferenczy Múzeum (Kossuth Lajos utca 5.). Wer sich für profanere Kunst interessiert und Lust auf etwas Süßes hat, dem könnte das Marzipanmuseum (»Szamos Marcipán Múzeum«, Dumtsa Jenő utca 14.) gefallen. Szamos ist die berühmteste Marzipanmanufaktur Ungarns.

■ Ferenczy-Museum: Di–So 10–18 Uhr, 1400 HUF, Infos zu den weiteren Kunstmuseen auf www.muzeumicentrum.hu, Marzipanmuseum: Mo–Fr 9–19, Sa, So 10–19 Uhr, 500 HUF, Kombitickets erhältlich

Blagovesztenszka-templom

| Kirche |

Die sieben orthodoxen Kirchen der Stadt wurden von serbischen, griechischen, dalmatischen und bosnischen Einwanderern errichtet, die vor den Türken geflüchtet waren. Die meisten von ihnen waren Kaufleute und Handwerker, die Ende des 17. Jh. kamen und mit ihren Fähigkeiten für einen Aufschwung sorgten. Eine der ersten orthodoxen Kirchen, die der Besucher zu Gesicht bekommt, ist die Blagovestenska-Kirche auf dem Fő tér. Das 1752 erbaute Gotteshaus weist Stilelemente des Barock und Rokoko auf.

■ Fő tér 5., Infos zu allen Kirchen auf www.iranyszentendre.hu/de/category/kirchen

Verkehrsmittel

Die **Vorortbahn** (»HÉV«) der Linie H5 verkehrt ab Budapest nach Szentendre (ca. alle 40 Min. ab Batthyány ter, 40 Min.). Für die Fahrt über die Stadtgrenzen hinaus müssen Sie ein Anschlussticket für 310 HUF kaufen.

Restaurants

€ | **Riverside** Das Lokal lädt unweit vom Hauptplatz zur Verschnaufpause ein, und zwar auf der Donau! Es steht nämlich auf einer Floßvorrichtung, die vom Donaukorso aus über einen Steg zu erreichen ist. Auf der Speisekarte stehen u.a. Fish'n'Chips, Burger und Cocktails. ■ Dunakorzó 9., Tel. 26/30 3178, www.riverside-szentendre.hu, Mai–Sept. tgl. 11–22, Okt.–April tgl. 12–20 Uhr

50 Visegrád

Perle am Donauknie mit mittelalterlicher Burg und schöner Natur

Information

■ Tourinform, Duna-parti út 1., 2025 Visegrád, Tel. 26/39 71 88, www.visitvisegrad.hu

Pittoresk thront die Burg Visegrád auf einem rund 250 m hohen Bergkegel am Donauknie. Schon die Römer hatten die strategische Lage des Ortes erkannt und an dieser Stelle das Kastell Sibrik errichtet. Auch der slawische Ortsname (»hohe Burg«) aus dem 9. Jh. bezog sich auf das spätrömische Kastell, das nach dem Mongolensturm um 1247 zur Burg umgebaut und um den Salomonturm erweitert wurde. 1323 kam der Königspalast hinzu, der von König Matthias im spätgotischen Stil erneuert und zu einem prunkvollen Renaissance-Palast erweitert wurde.

Sehenswert

Obere Burg

| Burg |

Im 13. Jh. wurde auf den zerstörten Bauwerken ein neues Befestigungssys-

tem errichtet. Der wichtigste Teil war die Obere Burg auf dem Hügel. Die Burgmauern markierten einen dreieckigen Grundriss auf fünf Terrassen und hatten drei Ecktürme. Jeder der folgenden ungarischen Herrscher hinterließ seine Spuren auf dem Burgberg: Um 1400 kam eine dritte Ringmauer hinzu, die Palastgebäude wurden vergrößert, am Ende des 15. Jh. ließ König Matthias den inneren Teil komplett renovieren. Fast alle Gebäude der Oberen Burg wurden Ende des 20. Jh. schrittweise erneuert und können besichtigt werden. Malerischer Ausblick!

■ Várhegy

Unteres Schloss und Salomonturm

| Museum |

Die Talmauern, die die Obere Burg mit der Donau verbinden, sowie die Tore und der große Wohnturm (der fälschlicherweise nach dem ungarischen König aus dem 11. Jh. »Salomonturm« genannt wurde) stammen aus der Mitte des 13. Jh. Um den Turm herum wurde die innere Burgmauer errichtet. Später wurde der Turm als Lager genutzt, bevor 1540 während der Türkenkriege Soldaten von Ferdinand I. seine südliche Ecke abrissen. Die Restaurierung war bereits im 19. Jh. geplant, wurde aus Geldmangel jedoch erst in den 1920er-Jahren fortgesetzt bzw. wegen der beiden Weltkriege erst in den 1960er-Jahren beendet. Seine heutige Form erhielt der Turm zwischen 1959 und 1964. Er beherbergt Ausstellungen des König-Matthias-Museums.

■ Salamontorony utca 1., www.facebook.com/visegradmuzeum, Infos auf Engl. oder Dt.: info@visegradmuseum.hu, Mai–Sept. Mi–So 9–17 Uhr, 700 HUF, erm. 350 HUF

Eine zauberhafte Flusslandschaft: das Donautal bei Visegrád

In Visegrád wird bei Ritterspielen das Mittelalter zum Leben erweckt

Königspalast
| Palast |
Der erste königliche Bau entstand nach 1325, wurde aber Ende des 14. Jh. fast vollständig abgerissen, um einem prächtigeren Schloss zu weichen. Leider sind davon nur noch Ruinen erhalten. Der Palast diente bis Anfang des 15. Jh. als offizielle Residenz der Könige von Ungarn. Zwischen 1477 und 1484 wurde die Anlage im Renaissance-Stil wieder aufgebaut, aber während der Türkenkriege vollständig zerstört. 1934 begannen archäologische Grabungen, bereits freigelegte und rekonstruierte Teile wie die Residenz können heute besichtigt werden.
■ Fő utca 29., Tel. 26/59 70 10, Di–So 9–17 Uhr, 1400 HUF, erm. 700 HUF

Restaurants

€€–€€€ | Restaurant Renaissance
Speisen wie König Matthias: Einrichtung und Küche stehen ganz im Zeichen des Mittelalterlichen, man kann sogar selbst in zeitgenössische Kleidung schlüpfen und sich so fotografieren lassen. Vor allem für Fleisch- und Fischliebhaber geeignet, daneben gibt es aber auch ein paar vegetarische Gerichte. ■ Fő utca 11., Tel. 26/39 80 81, www.renvisegrad.hu/en, Mo–Do, So 12–21, Fr, Sa 12–22 Uhr

Kinder

»Krone auf und auf ins Abenteuer!«
Ein zauberhafter Schlossbesuch mit Zsuzsi Pék-Dudás und dem Hofnarren Csanci, bei dem die Kinder in königliche Gewänder schlüpfen und in jedem Raum Spiele bzw. Tänze absolvieren und so – auch ohne Fremdsprachenkenntnisse – etwas über König Matthias und dessen Zeit lernen. ■ Königspalast, Fő utca 29., Treffpunkt vor dem König-Matthias-Museum, Tel. 20/318 78 26

(um Anm. auf Engl. wird gebeten), www.pekdudaszsuzsi.hu, März–Dez. ab 11 Uhr, Kinder 1000 HUF, Erwachsene 1200 HUF (ohne Eintritt für Königspalast)

Events

Internationale Palastspiele Das größte mittelalterliche Festival in Ungarn wird seit 1985 veranstaltet. Es gibt Darbietungen und Shows von ungarischen und ausländischen Darstellern – Hunderte von Kämpfern, Musikern, Tänzern, Gauklern und Komödianten in einer einzigartigen Umgebung. ■ 2. Juli-Wochenende, www.palotajatekok.hu/de, Tagesticket 1500 HUF, Kinder bis 14 J. frei; Ticket Ritterturniere ab 2500 HUF, Kinder ab 500 HUF

Erlebnisse

Canopy Visegrád Ungarns erster Baumkronenpfad sorgt mit seinen rasanten Fahrten in luftiger Höhe für Adrenalin, ein Gefühl von Freiheit und schöne Sicht auf die Ruinen der Oberen Burg und das Donauknie. Stdl. Gruppentouren auf der Strecke mit zehn Abschnitten. ■ Fekete-hegy, neben dem Restaurant Nagyvillám, Anmeldung unter Tel. 20/66179 49, www.canopy.hu/en, April–Sept. Di–So 10–17 Uhr, 5480 HUF p. P., Mindestalter 12 J.

51 Esztergom

Ehemaliger Königssitz und katholisches Zentrum des Landes

Information

■ Tourist Information Office, Hlavná 8., 94301 Štúrovo (Slowakei), Tel. +421/367 52 40 09, Mo–Fr 9–17, Sa 9–13 Uhr

Esztergom ist eine der ältesten Städte Ungarns. Auf dem Burgberg siedelten bereits 150 v. Chr. die Kelten, am selben Platz errichteten die Römer ein Kastell mit einer um den Berg verstreuten Siedlung. Seit der Ankunft der Magyaren Anfang des 10. Jh. war Esztergom Sitz der ungarischen Herrscher, 1002 wurde zudem das Erzbistum Gran zur Christianisierung des Landes eingerichtet. Auf dem Burgberg entstand danach der erste Königspalast Ungarns, zu dem auch eine christliche Basilika gehörte. Erst die Zerstörung Esztergoms während des Mongolensturms 1241 führte dazu, dass Buda (später Budapest) zur Hauptstadt aufstieg.

Esztergom ist heute eine europäische Grenzstadt: Die Donau bildet hier die natürliche Grenze zur Slowakei; hingegen wurde mit der Maria-Valeria-Brücke und dem alljährlichen Brückenlauf in jedem Sinne eine Brücke zum nördlichen Nachbarn geschlagen.

Sehenswert

Bazilika Esztergom
| Kirche |
Die größte klassizistische Basilika des Landes wurde 1838–46 errichtet und ist zugleich die größte katholische Kathedrale Ungarns. Angegliedert ist eine Renaissance-Kapelle. Besichtigt werden können gegen Eintritt auch die Krypta,

ADAC Wussten Sie schon?

In Esztergom, hoch oben über der Donau, vermutet man heute den Schauplatz des **Nibelungen-Untergangs**. Die Stadt wird deshalb auch zur Reihe der »Nibelungenstädte« gezählt.

der Panoramasaal, die Kuppel und die Schatzkammer, die mit ihrer Goldschmiede- und Textilsammlung die reichste ihrer Art in Ungarn darstellt. Unter den Artefakten und Schätzen aus dem 11. Jh. bis in die Gegenwart sind die bekanntesten das Gelöbniskreuz aus dem Árpáden-Zeitalter und das Kalvarienkreuz des Königs Matthias.
■ Szent István tér 1., Tel. 33/40 23 54, www.bazilika-esztergom.hu/de, tgl. 8–16 Uhr, Eintritt frei, Domschatzkammer 900 HUF, erm. 450 HUF

Széchenyi tér

| Platz |
Der Hauptplatz der Stadt war ursprünglich der Marktplatz der mittelalterlichen und später barocken Stadt. Fast die Hälfte der Gebäude hier ist denkmalgeschützt, darunter das Barockschloss des Blinden Bottyán – das heutige Rathaus.

Restaurants

€€–€€€ | Primás-Keller Unter dem Hügel der Basilika erwartet der erneuerte, über 200 Jahre alte Primás-Keller seine Gäste in einem Tunnelgewölbe, das zugleich als Weinbau-Ausstellung fungiert. Raffinierte, kreative Fleisch- und Fischgerichte, tolle Weinauswahl.
■ Szent István tér 4., Tel. 33/54 19 65, www.primaspince.hu/dindex.php, Mo–Do 10–21, Fr, Sa 10–22, So 10–17 Uhr

Einkaufen

24 **Pálinka-Apotheke** In Ungarn gilt, dass Schnaps in Maßen Medizin ist. In der Pálinka-Apotheke wurde dies zum Geschäftsmodell. Sie bietet Obstbrände neun verschiedener Schnapsbrennereien, aber auch alkoholfreie Produkte wie Marmeladen, Säfte, Kaffees und Sandwiches. ■ Széchenyi tér 25., Tel. 20/551 21 21, www.palinkapatika.com, Mo–Do 9–22, Fr 9–2, Sa, So 10–2 Uhr

Sport

Maria-Valeria-Brückenlauf Der Lauf findet seit der Eröffnung der Brücke 2001 statt. Die 4 km lange Strecke führt vorbei an Esztergoms Sehenswürdigkeiten und verbindet dabei die Stadt mit dem slowakischen Nachbarn Štúrovo. ■ Letzter Sa im Sept., ab der Basilika, www.hidfutas.hu

52 Tata

Schmucke Wasserstadt mit royalem Glanz und ungarndeutscher Vergangenheit

Information

■ Tourinform, Ady Endre utca 9., 2890 Tata, Tel. 34/58 60 45, www.visittata.com

Tata, zu Deutsch Totis, liegt rund 70 km nordwestlich von Budapest. Die 23 000-Einwohner-Stadt ist für ihren schönen See bekannt, den Öreg-tó (»Alter See«). Überhaupt dreht sich in Tata viel ums Wasser: 2010 erhielt der Ort die Auszeichnungen »Ungarische Hauptstadt der Biodiversität« und »Stadt der Naturgewässer«. Wie vielerorts in Ungarn, so wirkte die einflussreiche Adelsfamilie Esterházy auch hier prägend aufs Stadtbild.

Sehenswert

Német Nemzetiségi Múzeum

| Museum |
In der schön hergerichteten Ausstellung des Ungarndeutschen Museums

können Sie mehr über den Alltag und die Bräuche der Donauschwaben in der Region erfahren. Diese siedelten zwischen 1733 und 1755 auf Geheiß von Joseph Graf Esterházy aus Deutschland hierher über.

■ Alkotmány utca 1., 2890 Tata, www.kunymuzeum.hu, Mo–Do 9–16, Fr 9–14, Sa 9–17 Uhr, 500 HUF (Kombitickets für die Burg und weitere Ausstellungen erhältlich)

Öreg-tó

| See |

25 *Baden, Sport treiben und Schlösser angucken am »Alten See«*

So natürlich er heute auch anmutet: Der zentrale »Alte See« wurde im Mittelalter künstlich angelegt. Durch seine kompakte Größe von 2,69 km² kann er auch bequem zu Fuß oder mit dem Fahrrad umrundet werden. Der See eignet sich zum Baden (kostenlos) oder Bootfahren. An seinem Ufer finden sich die Tataer Burg (Tatai vár, s. u.) und das Schloss Esterházy (Esterházy-kastély, Kastély tér 1.; nicht zu verwechseln mit dem Rokoko-Schloss gleichen Namens in Fertőd, S. 22).

■ Fahrrad-, Segelboot-, Kajak- und Kanuverleih: Új Kajakház és Ökoturisztikai Központ (Neues Kajakhaus und Zentrum für Ökotourismus), Tópart sétány 2.

Tatai vár

| Burg |

König Sigismund von Luxemburg, der im mittelalterlichen Europa eine wichtige Rolle einnahm, ist die am Seeufer gelegene Tataer Burg zu verdanken. Die ungarische Magnatenfamilie Esterházy baute die gotische Burg später im Renaissance-Stil um. Damals besaß der Bau noch vier Ecktürme, heute sind nur noch der Ostturm und der südöstliche

Eine kurzweilige Radtour führt einmal um den »Alten See« von Tata

Im Blickpunkt

Wenn die Wildgänse kommen

Ende November freut man sich in Tata über ganz besondere Besucher: Wildgänse! Dann nämlich fliehen diese vor der skandinavischen Kälte in wärmere Gebiete, so auch nach Ungarn und Tata. Das Seebett des Öreg-tó ist für die 20 000 bis 40 000 Gänse eine ideale Übernachtungsmöglichkeit. Nirgends in Europa überwintern Wildgänse in solchen Scharen mitten in einer Stadt. In dieser Zeit gibt es jeden November am letzten Samstag des Monats auch ein ganztägiges Fest mit Infoveranstaltungen, Aufführungen, Ausstellungen, Kinderprogramm und einem Adventsmarkt (www.vadludsokadalom.hu/en). Kein Wunder, dass in dieser Zeit sogar Vogelliebhaber von weither, z.B. aus Finnland und der Ukraine, nach Tata kommen.

Burgflügel erhalten. Ins Schlossmuseum gelangen Sie aus westlicher Richtung – hier gibt es archäologische Fundstücke, Volkskunst und Gemälde zu sehen.

■ Váralja utca 3., Di–So 9–17 Uhr, 1000 HUF

Parken

Parkplätze am See Zum Parken eignet sich der Parkplatz an der Tópart sétány. Wenn Sie aus dem Süden anreisen, biegen Sie von der Vértesszőlősi út auf die auch zum See führende Straße ab. Rechter Hand sehen Sie dann bereits die Parkfläche.

Restaurants

€€ | **Kalóz Fregatt Restaurant** So schön das Seeufer am Öreg-tó auch ist, wenn man Hunger bekommt, kann es hier ganz schön teuer werden. Dieses Restaurant schafft Abhilfe. »Kalóz« bedeutet Pirat, »fregatt« Fregatte – kurzum, das Interieur ist ganz in Seefahrts-Thematik ausgestattet. Besonders die Fischgerichte überzeugen. Im Sommer sind die Limonaden und Virgin Cocktails eine tolle Erfrischung.

■ Almási utca 2., Tel. 34/38 23 82, So–Do 12–22, Fr, Sa 12–24 Uhr

53 Komárom

Einst letzte Bastion Ungarns, später geteilte Stadt, heute europäisches Reiseziel

Information

■ Tourinform, Igmándi út 2., 2900 Komárom, Tel. 34/54 05 90, www.komarom.hu

Am rechten Donauufer liegt Komárom. In römischer Zeit befand sich auf dem Gebiet des Stadtteils Szőny das Legionslager Brigetio mit einer Zivilstadt. Vom hiesigen Hafen aus lenkte Kaiser Marcus Aurelius seine Flotte. Grund für die erfolglose osmanische Belagerung der Stadt im 16. Jh. ist das Festungssystem, mit dem Komárom die letzte Bastion des königlichen Ungarns wurde. Es spielte auch eine wichtige Rolle im Unabhängigkeitskrieg von 1848–49. Heute ist es Kandidat für das UNESCO-Welterbe. Mit dem Friedensvertrag von Trianon verlor Ungarn 1920 den nördlichen Teil der Stadt, wo sich das historische Stadtzentrum und die Festung befinden, an die neu gegründete Tschechoslowakei. Hierdurch entstanden zwei Städte gleichen Namens: die slowakische Schwesterstadt Komárno ist heute mit Komárom durch die Elisabeth-Brücke verbunden.

Sehenswert

Festungssystem von Komárom

| Wehranlage |

Das Festungssystem ist die größte vergleichbare Einrichtung in Europa. Drei der fünf Festungen des Komplexes befinden sich in Ungarn und sind von der Stadt umschlossen. Die Csillag-Festung ist der älteste Teil dieses Systems und wurde 1568–86 erbaut. Die Igmándi-Festung wurde 1871–77 nach einem mittelalterlichen italienischen Vorbild geschaffen. Monostor, die größte neuzeitliche Festung Mitteleuropas, wurde 1850–71 als eines der letzten Mitglieder des Festungssystems errichtet. In der Zeit zwischen den beiden Weltkriegen wurde sie von der Ungarischen Königlichen Armee als Kaserne und Ausbildungszentrum genutzt. 1945–91 war sie das größte Waffenlager der sowjetischen Südarmee. Heute hat sie keine militärische Funktion mehr.

■ www.erod.hu/de, Nov.–Feb. 8–17, März–Okt. 9–18 Uhr, Kombiticket 1600 HUF, erm. 1200 HUF

Heilbad Brigetio

| Thermalbad |

Laut neuesten archäologischen Ausgrabungen kann die Badekultur in Komárom auf eine 1700 Jahre alte Tradition zurückblicken, denn schon die Römer hatten hier einen Badekomplex errichtet. Aus den Quellen unter der Stadt entspringt 62 °C heißes Wasser, das 1967 als Heilwasser ausgewiesen wurde. Das um diese Quelle erbaute Bad befindet sich in günstiger Lage im Stadtzentrum. Neben den Wellnesspools und den medizinischen Anwendungen bietet es auch eine Sauna und ein Außenbecken.

■ Táncsics Mihály utca 34-36., Tel. 34/342551, www.komthermal.hu, tgl. 9–20 Uhr, Tageskarte 1950 HUF, erm. 1600 HUF

Restaurants

€–€€ | Restaurant Pingvin Seit 1989 in Betrieb, bietet das Pingvin ungarische deftige Küche, aber auch einige internationale Gerichte, vor allem für Fleisch- und Fischliebhaber. Lage am Rüdiger-See, schnelle und freundliche Bedienung, günstige Mittagsmenüs. ■ Vág utca 14., Tel. 34/340503, www.pingvinetterem.hu, Mo–Do, So 11–22, Fr, Sa 11–23 Uhr

Kinder

WF Freizeitpark und Strandbad Der 28 ha große Park am südlichen Stadtrand war früher eine Kiesgrube und bietet seit 1995 (aktive) Erholung für die ganze Familie. Neben dem See gibt es einen Campingplatz und ein Restaurant, Riesenrutschen und große Strandbad-Becken. ■ Puskaporosi utca 24., www.wfpark.hu, Badesee Mitte Mai–Mitte Sept. (je nach Wetter) 9–18 Uhr, Tageskarte 1500 HUF, erm. 1200 HUF

ADAC Mobil

Neben der Donau-Bastion der Monostori-Festung befindet sich ein Schiffsanleger. Von hier aus kann man eine **Donau-Schifffahrt** beginnen, z. B. über Visegrád nach Budapest (www.mahartports.hu/de).

Übernachten

Die Umgebung rund um das Donauknie, das Pilis-Gebirge und Budapest sind genauso abwechslungsreich wie die hiesige Auswahl an Unterkünften. Wer mit Kindern reist, dürfte sich über die Farm und den Spielplatz in der Unterkunft Malomdűlő im Pilis-Gebirge freuen. Im Bükkös Hotel in Szentendre dagegen sind Kinder erst ab dem Teenager-Alter zugelassen. In Budapest können Sie auf dem Vogue-Hotelschiff mitten auf der Donau schlafen, im Visegráder Hotel Silvanus zwar nur wassernah, dafür aber fürstlich wie König Matthias höchstpersönlich.

Budapest 100

€ | **Hotel Budapest** Unterkunft für Liebhaber von 1960er-Jahre-Design! 280 Zimmer umfassendes Hotel auf Budaer Seite in Naturnähe – am Verkehrsknotenpunkt Széll Kálmán tér ist man dennoch in wenigen Minuten. ■ Szilágyi Erzsébet fasor 47., 1026 Budapest, Tel. 1/889 42 00, www.danubiushotels.com/de

€€ | **The Three Corners Hotel Anna** Modernes Dreisternehotel mit Wohlfühlatmosphäre im Pester Palaisviertel. Die 44 Zimmer sind bunt und trendy eingerichtet. Gute Auswahl am Frühstücksbuffet! ■ Gyulai Pál utca 14., 1085 Budapest, Tel. 1/610 46 80, www.threecorners.com/hotels

€€€ | **Brody House** In diesem Boutiquehotel in einem Gebäude von 1896 gibt es insgesamt elf Zimmer, die alle individuell und teils extravagant gestaltet wurden. Das Frühstück wird im Salon serviert, der auch über eine Bar verfügt. ■ Bródy Sándor utca 10., Tel. 1/26 61 21, www.brody.house

Pilis-Gebirge 111

€€ | **Farmhaus Malomdűlő** Das Farmhaus liegt am Fuße des Pilis in malerischer Umgebung und ist eine hervorragende Basis für Ausflüge in die Umgebung. Hinter der Hobby-Farm mit ihren tierischen Bewohnern erstreckt sich ein See, der zum Fischen einlädt. Gepflegter Garten, Spielplatz, Trampolin sowie Pool, freundliches Personal. ■ Malomdűlő 1., 2097 Pilisborosjenő, Tel. 20/349 21 67, www.malomdulofarmhaz.com

Szentendre 113

€€ | **Bükkös Hotel & Spa Szentendre** Wenn Sie absolute Ruhe suchen, ist das Viersternehotel perfekt für Sie. Es befindet sich in Szentendres historischer Altstadt und hat 22 Zimmer. Moderner Spa-Bereich mit verschiedenen Saunen, Eisraum, Dampfbad, Massage-Angeboten und Jacuzzi. Parkplatz gegen Aufpreis buchbar. Kinder erst ab 13 J. ■ Bükkös part 16., 2000 Szentendre, www.bukkoshotel.hu/en

Visegrád 114

€ | **Pension Holló** Nur fünf Zimmer in einem Kaffeehaus mit Weinstube, dafür tolle Lage an der Donau und Ruhe trotz der Nähe zu allen Sehenswürdigkeiten. Ländlicher Stil, familiäre Stimmung und ein sehr gutes Preis-Leistungs-Verhältnis. ■ Rév utca 12., 2025 Visegrád, Tel. 30/8272255, www.feketehollo.gportal.hu

€€€ | Hotel Silvanus Das erste Hotel am Platz in schönster Lage am Hang über dem Donauknie, mit eigenem Wellnessbereich und freundlicher Bedienung. Bewachter Parkplatz gegen Gebühr. ■ Panoráma út 2., 2025 Visegrád, Tel. 26/398311, www.hotelsilvanus.hu/de

Esztergom 117

€–€€ | Bazilika alatt Panzió Der Name ist Programm: »Unter der Basilika« befindet sich hinter der unscheinbaren Fassade eine tolle Unterkunft mit eigenem Wellnessbereich. Leckeres Frühstück, gutes Preis-Leistungs-Verhältnis. ■ Batthyány Lajos utca 7., 2500 Esztergom, Tel. 33/520685, www.bazilika.eu

€€ | Hotel Szent Adalbert Direkt neben der Basilika erwartet das Hotel seine Gäste mit einem eigenen Restaurant und Garten in zentraler, aber dennoch ruhiger Lage. Kostenloser, geschlossener Parkplatz. ■ Dózsa György tér 1., 2500 Esztergom, Tel. 33/541972, www.szentadalbert.hu

Tata 118

€€ | Old Lake Golf Hotel Tata Sie interessieren sich für Golf? Dann ist das Viersternehotel mit 18 Spielbahnen (Par 71) genau das Richtige für Sie. Entgegen dem Namen liegt es nicht direkt am Öreg-tó (»Alten See«), man wird dafür aber mit einem hauseigenen Jacuzzi im Stil eines türkischen Bades entlohnt. Parkplätze, Klimaanlage und Restaurant sind vorhanden. ■ Remeteségpuszta puszta 1., 2890 Tata, Tel. 30/9269656 u. 34/587720, www.oldlakegolfhotel.com

Komárom 120

€–€€ | Hotel Tulipán Das Hotel liegt nahe der Donaubrücke über die Grenze zur Slowakei. Sehr saubere Räume und freundliches Personal. ■ Kelemen László utca 1., 2900 Komárom, Tel. 34/34 26 04, www2.hoteltulipan.hu

€€ | Apartmenthotel Hét Vezér Schöne Apartments, die meisten verfügen über einen Balkon mit Blick auf den Pool. Direkter Zugang vom Hotel zum Brigetio-Thermalbad. ■ Táncsics Mihály utca 34., 2900 Komárom, Tel. 34/540720, www.hetvezerapartman.hu/hotel

ADAC Das besondere Hotel

Das Schiff **»Vogue«** liegt schon seit 20 Jahren in Budapest vor Anker. Klasse ist das viele Holz im Innern, das eine freundliche Atmosphäre schafft. Unschlagbare Argumente sind aber die Aussicht auf Donau und Margareteninsel und die Lage im schönen Viertel Újlipótváros.

€€ | Carl Lutz rakpart 1., Budapest, Tel. 30/9425027, www.restaurantvogue.hu/en

ADAC Service Ungarn

Beim **ADAC Infoservice**, in den **ADAC Geschäftsstellen** sowie auf dem **Internetportal des ADAC** (adac.de) erhalten Sie Informationen zu den Dienstleistungen des Automobilclubs und zu Ihrem Reiseziel. Als **ADAC Mitglied** können Sie zudem das kostenlose **ADAC Tourset® Ungarn** mit vielen Reiseinfos und Karten anfordern oder die **Tourset App** auf dem **Smartphone** oder **Tablet-PC** installieren (adac.de/toursetapp).
Rufen Sie bei Pannen und Notfällen die **ADAC Pannenhilfe** bzw. den **ADAC Ambulanzdienst** an. Unser Team steht Ihnen rund um die Uhr zur Verfügung.

ADAC Infoservice

T 0 800 510 11 12
Infos zu allen ADAC Leistungen
(Mo–Sa 8–20 Uhr, gebührenfrei)

ADAC Pannenhilfe Deutschland

T 089 20 20 4000, Mobil 22 22 22
(Verbindungskosten je nach Netzbetreiber/Provider)

ADAC Ambulanzdienst

T 089 76 76 76
(Erkrankung, Unfall, Verletzung, Transportfragen, Todesfall)

ADAC Pannenhilfe Ausland

T +49 89 22 22 22
(Verbindungskosten je nach Netzbetreiber/Provider)

Internet-Serviceangebote des ADAC für Ihre Reiseplanung

Service	Webadresse
Aktuelle Verkehrslage	adac.de/verkehr
ADAC Routenplaner	adac.de/maps
Infos zu Tankstellen und Spritpreisen	adac.de/tanken
Infos zu mautpflichtigen Strecken	adac.de/maut
Infos zu Fährverbindungen	adac.de/faehren
ADAC Tourmail (aktuelle Infos vor Anreise)	adac.de/tourmail
Informationen für Camper	adac.de/camping
Informationen für Motorradfahrer	adac.de/motorrad
Informationen für Segler und Skipper	adac.de/sportschifffahrt
ADAC Reiseangebote	adacreisen.de
ADAC Autovermietung	adac.de/autovermietung
ADAC Versicherungen für den Urlaub	adac.de/versicherungen
Weltweite Preisvorteile für ADAC Mitglieder	adac.de/vorteile-international

Diese **Produkte des ADAC** könnten Sie interessieren: **ADAC Reiseführer Wien, ADAC Reiseführer Slowenien** und **ADAC Reiseführer Bulgarien** – erhältlich im Buchhandel, bei den ADAC Geschäftsstellen und in unserem ADAC Online-Shop (adac.de/shop).

Anreise und Einreise

Auto

Für Besucher aus Süd- und Westdeutschland empfiehlt sich die Route über die Autobahn A3 bei Passau nach Österreich und weiter über Linz und Wien. Anschließend erfolgt die Einreise nach Ungarn über **Hegyeshalom**.
Wer aus Deutschlands Norden und Osten einreist, fährt am besten über Tschechien und die Slowakei. Vergessen Sie nicht, vor der Fahrt die nötigen Mautvignetten zu besorgen: für Österreich, Tschechien und Slowenien online auf adac-shop.de/vignetten; die ungarische »Matrica« können Sie bequem auf ematrica.nemzetiutdij.hu erwerben (s. auch »Maut«).

Bahn und Bus

Das **Zugnetz** ist mittlerweile gut ausgebaut und insbesondere Budapest von Städten in fast allen Ecken Deutschlands, Österreichs und der Schweiz bequem und direkt erreichbar, z. B. mit dem EuroNight ab Berlin, dem EuroCity ab Hamburg (über Dresden, Prag und Bratislava) und dem Railjet der ÖBB ab Frankfurt/Main, Stuttgart und München. Zugauskunft: www.bahn.de, www.oebb.at, www.elvira.hu. **Busverbindungen** gibt es von vielen Städten (www.flixbus.de, www.volanbusz.hu/en). Der internationale Busbahnhof in Budapest heißt Népliget (IX., Üllői út 131., U-Bahn 3 bis Népliget).

Flugzeug

Ungarn verfügt über fünf internationale Flughäfen: Liszt Ferenc (BUD/LHBP), Debrecen (DEB/LHDC), Győr–Pér (QGY/LHPR), Hévíz-Balaton (auch bekannt als »Sármellék«; SOB/LHSM) und Pécs–Pogány (PEV/LHPP). Die klassischen Linienflieger wie Lufthansa bieten insbesondere nach Budapest mehrere Direktverbindungen an. Auch die preiswerteren Airlines haben immer mehr Direktflüge im Programm, z. B. Easyjet, Eurowings, Ryanair und Wizzair.

Einreise und Dokumente

Für die Einreise nach Ungarn genügt für Deutsche, Österreicher und Schweizer der Personalausweis. Als EU-Bürger darf man sich in Ungarn drei Monate visumfrei aufhalten.

Auto und Straßenverkehr

Von Norden und Westen führt die Autobahn M1 Richtung Budapest, die M0 ist die Ringautobahn, die um die Hauptstadt herum sämtliche Autobahnen miteinander verbindet, folglich kann sie sehr stark befahren sein.

Maut

Die ungarischen Autobahnen sind bis auf die Ringautobahn M0 mautpflichtig. Vignetten (»autópálya matrica«) gibt es an der Grenze, an Tankstellen und online (ematrica.nemzetiutdij.hu oder – ohne Registrierung, Bezahlung mit Bankkarte – auf www.ungarn-vignette.eu). Die 10-Tage-Vignette für einen Pkw kostet 3500 HUF/12,96 € und für einen Monat 4780 HUF/17,70 €. Bei der Angabe des Kennzeichens unbedingt auf Korrektheit achten, da ansonsten Strafen drohen könnten. Die Quittung in jedem Fall aufbewahren.

Verkehrsvorschriften

Außerhalb von Ortschaften muss auch tagsüber das Abblendlicht eingeschaltet sein. Es gilt absolutes Alkoholverbot (null Promille), und es besteht An-

Festivals und Events

Februar

Buschogang in Mohács (Ende Feb./Anfang März) – Karnevalsfeier der Schokatzen: Mit furchteinflößenden Masken verkleidete Buscho ziehen lärmend durch die Stadt, um den Winter zu vertreiben (S. 62).

April

Budapester Frühlingsfest (3.–19. April) – Events und Konzerte von Klassik bis Jazz und Folklore.

Mai

Weinfestival Szeged (17.–26. Mai) – Obwohl die Region Szeged selbst nicht als Weinregion gilt, erfreut sich das hiesige Festival mitten im Stadtzentrum großer Beliebtheit.

Tanz auf dem Budapester Frühlingsfest

Juni

Nacht der Museen (Mitte/Ende Juni) – Mit einem Ticket kann man in dieser Nacht landesweit Hunderte Museen besuchen.

Volt Festival (Ende Juni/Anfang Juli) – Das Festival in Sopron wird mit einem bunten Strauß an Interpreten und Musikstilen veranstaltet.

Juli

Balaton Sound (Anfang Juli) – Direkt am südlichen Balaton-Ufer steigendes Festival der elektronischen Musik – Besucher können sich im See abkühlen und von dort Auftritte verfolgen.

Fisch-Koch-Festival Baja (Mitte Juli) – Dutzende Köche bereiten Fisch bzw. Fischsuppe zu.

August

Sziget-Festival (Anfang Aug.) – Größtes Musikfestival Ungarns auf der Óbuda-Insel in Budapest mit bunt gemischter Musik und 400 000 Besuchern aus aller Welt.

Formel 1 – Grand Prix von Ungarn (Anfang Aug.) – Der internationale Motorsport kommt jeden Sommer auf den Hungaroring nach Mogyoród östlich von Budapest.

St. Stephans-Tag (20. Aug.) – Nationalfeiertag zum Gedenken an Ungarns ersten König sowie die Staatsgründung mit Veranstaltungen landesweit, in Budapest abends riesiges Feuerwerk auf der Donau.

September

Tisza-Fischfestival in Szeged (1. Septemberwochenende) – Das Festival am Theiß-Ufer feiert Fischgerichte nach Theiß-Art.

Gulasch-Festival in Szolnok (Anfang Sept.) – Beim wohl größten Gulasch-Festival der Welt dreht sich alles um das berühmteste Gericht der ungarischen Küche.

Oktober

Kolbász-Festival in Békéscsaba (Ende Okt.) – Hier geht's um die Wurst, besonders die von der EU geschützte würzige Kolbász.

schnallpflicht auf allen Sitzen. Telefonieren ist nur mit Freisprechanlage erlaubt. Sicherheitswesten sind für jeden Sitzplatz im Auto mitzuführen.

Tempolimits in Ungarn

Straße	Tempolimit
Autobahn	max. 130 km/h
Schnellstraße	max. 110 km/h
Landstraße	max. 90 km/h
Ortschaft	max. 50 km/h

Unfall

Bei Verkehrsunfällen mit Personenschaden muss die Polizei benachrichtigt werden. Die Versicherungskarte sollte in jedem Fall mitgenommen werden. In Ungarn repräsentiert der Ungarische Autoclub (Magyar Autóklub) den ADAC; im Schadensfall rufen Sie die deutsche **ADAC Pannenhilfe Ausland**, Tel. +49 89 22 22 22, an, die den nächstgelegenen verfügbaren Partner verständigt.

Tanken

Die EU-Verordnung zur Einführung des neuen, mit 5–10 % Bioethanol angereicherten Kraftstoffs E10 gilt auch in Ungarn. Das in Ungarn unter dem Namen »95« verkaufte bleifreie Benzin kann älteren Autos u. U. schaden. Sie können aber selbstverständlich auch Super tanken. Die größten landesweiten Tankstellennetze betreiben MOL, OMV und Shell.

Barrierefreies Reisen

In Ungarn gibt es zwar noch kein Gütesiegel für barrierefreie Beherbergungs- und Gastronomiebetriebe, doch in den vergangenen Jahren hat sich viel in eine positive Richtung getan, sodass Urlaub mit Rollstuhl zumindest in den größeren Städten und Tourismusregionen möglich ist. Budapest und die Balaton-Region verfügen über eine stattliche Anzahl an barrierefreien Hotelzimmern, Ferienwohnungen oder Apartments, z. B. das Ferienhaus Kismann in Balatonvilágos (www.ferienimrolli.de), das von Rollstuhlfahrern gebaut wurde.
Weitere Infos beim Landesverband der Behindertenvereine (MEOSZ), Tel. +36 13 88 23 87 oder 13 88 23 88, E-Mail: meosz@meosz.hu.

Diplomatische Vertretungen

Sollten Sie in Ungarn in eine Notlage geraten, leistet Ihre Botschaft in Budapest Ihnen Hilfe.

Deutsche Botschaft

■ Úri utca 64–66., Budapest I., Tel. +36 14 88 35 00, www.budapest.diplo.de

Österreichische Botschaft

■ Benczúr utca 16., Budapest VI., Tel. +36 14 79 70 10, www.bmeia.gv.at/oeb-budapest

Schweizer Botschaft

■ Stefánia út 107., Budapest XIV., Tel. +36 14 60 70 40, www.eda.admin.ch/budapest

Feiertage

1. Januar (Neujahr), 15. März (Jahrestag des Revolutionsbeginns von 1848), Karfreitag, Ostermontag, 1. Mai (Tag der Arbeit), Pfingstmontag, 20. August (Sankt-Stephans-Tag), 23. Oktober (Tag der Republik, Gedenken an den Aufstand 1956), 1. November (Allerheiligen), 25./26. Dezember (Weihnachten).

Geld und Währung

Zahlungsmittel in Ungarn ist der Forint (Ft., HUF).

Wechselkurse

(Stand: Feb. 2020)

1 €	340 HUF
1 CHF	320 HUF
100 HUF	0,30 € / 0,30 CHF

Geldumtausch ist in Banken, Wechselstuben und an Umtauschautomaten (bei Banken) möglich, am einfachsten ist jedoch das Geldabheben mit der Kreditkarte an Geldautomaten. Wechselstuben am Flughafen oder in den sehr touristischen Bereichen der Innenstadt sollten aufgrund der unvorteilhaften Wechselkurse gemieden werden. **Banken** sind meist Mo–Do 8–18 und Fr 8–15 Uhr geöffnet.

In Ungarns größeren Städten kann fast überall (Tankstelle, Hotel, Supermarkt, Restaurant, Taxi) mit Karte gezahlt werden (kontaktlos per Paypass-System) – am besten aber, Sie erkundigen sich vorher nach den Zahlungsmöglichkeiten. Zur Sicherheit sollte man immer ein paar Tausend Forint dabeihaben.

Kosten im Urlaub

(durchschnittliches Preisniveau)

Tasse Kaffee	1,90 €
Softdrink	0,90 €
Glas Bier (0,33 l)	0,90 €
Glas Wein (0,125 l)	1,50 €
Hauptgericht (Restaurant)	10 €
1 l Normalbenzin	1,15 €
Mietwagen / Tag	ab 30 €
ÖPNV (Einzelfahrt)	1 €

Gesundheit

Ärzte und Krankenhäuser

In den meisten größeren Urlaubsorten gibt es niedergelassene deutschsprachige Ärzte sowie Ärztehäuser. Adressen und Broschüren erhält man in allen Hotels sowie in den Touristeninformationen. Auch auf der Website der deutschen Botschaft www.budapest.diplo.de ist eine Übersicht deutschsprachiger Ärzte in Ungarn abrufbar.

Die medizinische Versorgung in Ungarn ist für gesetzlich Krankenversicherte kostenlos. In allen öffentlichen bzw. staatlichen Krankenhäusern wird die **Europäische Krankenversicherungskarte** (EHIC) anerkannt und garantiert die medizinische Versorgung. Zur Sicherheit empfiehlt sich der Abschluss einer privaten Auslandskrankenversicherung inklusive Rücktransport. Sie kann die Kostenerstattung in privaten Kliniken erleichtern. Wählen Sie in medizinischen Notfällen die **EU-Notrufnummer** 112. Notdienste gibt es nur in größeren Städten.

Apotheken

Apotheken (»gyógyszertár«) tragen ein grünes Kreuz. Sie sind meist werktags von 8–18 Uhr und am Wochenende von 8–13 Uhr geöffnet. Oft spricht das Personal auch Englisch. Viele in Deutschland, Österreich und der Schweiz erhältliche Präparate sind unter ähnlichem Namen auch in Ungarn verbreitet. Welche Apotheke Notdienst hat, wird auf Schildern an der Tür oder im Schaufenster angezeigt.

Haustiere

Wer mit Haustieren einreisen möchte, muss einen gültigen EU-Heimtierausweis mitbringen. Das Dokument kann jeder Tierarzt ausstellen. Darin wird bestätigt, dass das Tier durch einen Mikrochip identifizierbar und zudem gegen Tollwut geimpft ist (Erstimpfung mind. 21 Tage vor Grenzübertritt). Bei Hunden sollten Maulkorb und Leine immer mitgeführt werden (in öffentlichen Verkehrsmitteln gilt z. B. Maulkorbpflicht).

Information

Eine Liste mit allen **Touristeninformationsbüros** (Tourinform) von Ungarns staatlicher Tourismusagentur MTÜ finden Sie unter www.csodasmagyarorszag.hu/tourinform. Die Adressen der Infopunkte der Budapester Festival- und Tourismuszentrale, www.budapestinfo.hu/de, stehen auf S. 100.

Allgemeine Webadressen

- www.wowhungary.com/de

Die offizielle deutsche Website des Ungarischen Tourismusamts (MTÜ).

- www.budapest.com/index.de.html

Nützliches touristisches Informationsportal mit vielen Empfehlungen.

- www.budapester.hu

Die Wochenzeitung bringt aktuelle Nachrichten aus dem ganzen Land und Programmtipps für die ungarische Hauptstadt in deutscher Sprache.

- www.balaton-zeitung.info

Die monatlich erscheinende »Balaton Zeitung« berichtet in deutscher Sprache mit Plattensee-Fokus.

- www.welovebudapest.com/en und www.welovebalaton.hu

Zahllose regionale und überregionale Tipps in englischer Sprache.

- www.offbeatbudapest.com

Gastrotipps in englischer Sprache von Einheimischen.

Klima und beste Reisezeit

Durch die Binnenlage und die abschirmenden Gebirge hat Ungarn ein relativ trockenes, einheitliches **Kontinentalklima** mit kalten Wintern und warmen bis heißen Sommern. Die Übergänge zwischen den Jahreszeiten sind relativ kurz, sodass in den Frühlingsmonaten März bis Mai die Tageshöchsttemperaturen schnell von 8 auf 20 °C ansteigen und genauso schnell in den Herbstmonaten September bis November wieder von 22 auf 8 °C sinken können. Wer in diesen Monaten nach Ungarn reist, sollte auf entsprechende Kleidung achten.

Die Hauptsaison reicht von Mai bis September. Die **beste Reisezeit** für Budapest sind temperaturmäßig Frühjahr und Herbst. Im Sommer ist die Stadt oft überlaufen und es wird sehr heiß. Die Winter können kalt werden, schön verschneit und trocken oder auch regnerisch und matschig. Wer

Klimatabelle Ungarn

Monat	Luft (°C) min/max	Wasser °C (Balaton)	Sonne (h/Tag)	Regentage
Jan.	-5/1	0	2	6
Feb.	-3/4	0	3	6
März	1/10	3	4	7
April	5/17	12	6	7
Mai	10/22	18	8	9
Juni	13/25	21	8	10
Juli	14/27	23	9	8
Aug.	14/26	22	8	7
Sept.	11/22	19	7	5
Okt.	6/16	12	5	5
Nov.	2/8	6	2	8
Dez.	-3/3	3	2	7

nicht zimperlich ist, wird in der kalten Zeit mit einer weniger überfüllten Stadt belohnt. Außerhalb von Budapest ist es klimatechnisch ähnlich wie in der Hauptstadt, mit dem Unterschied, dass es besonders auf dem Land noch heißer bzw. kälter sein kann, vor allem in Süd- und Ostungarn. Im Sommer ist auf entsprechenden Sonnenschutz zu achten, Ungarn gehört von den Sonnenstunden her zu Europas Spitzenreitern.

Notfall

Notrufnummern

Ungarische Ambulanz: Tel. 104
EU-Notruf: Tel. 112
Polizei: Tel. 107
Feuerwehr: Tel. 105
ADAC Ambulanzdienst: Tel. +49 89 76 76 76

Unfall und Diebstahl

Bei Verkehrsunfällen mit Personenschaden muss die Polizei benachrichtigt werden. Im Falle eines Diebstahls sollten Sie die nächste Polizeidienststelle aufsuchen und eine Anzeige erstatten. Sie wird für Ihre Versicherung bzw. für die Ausstellung von Ersatz-Reisedokumenten benötigt.

Öffnungszeiten

Fachgeschäfte öffnen zumeist Mo–Fr 10–18 und Sa 10–13 Uhr. Größere Läden, Einkaufszentren und Supermärkte haben in ungarischen Städten im Regelfall länger und auch sonntags geöffnet. Museen sind normalerweise Di–So 10–18, im Winter oft nur bis 16 Uhr offen. Postämter sind im Allgemeinen Mo–Fr 8–18 und Sa 8–12 Uhr geöffnet.

Post

Viele Postfilialen wirken besonders auf dem Land nostalgisch, die Einrichtung ist dieselbe wie vor 30 Jahren. Oft gibt es Schlangen, u. a. weil der Großteil der Bevölkerung bestimmte Rechnungen immer noch per Scheck einzahlt. Eine Wartenummer zu ziehen ist Pflicht – und eine Portion Geduld nötig.

Bei **Postsendungen** aus Ungarn ins Ausland muss unter der Zieladresse das Land auf Ungarisch angegeben werden, z. B. für Deutschland »Németország«, für Österreich »Ausztria« und für die Schweiz »Svájc«. Das Porto für eine Postkarte ins Ausland beträgt 520 HUF.

Eine Liste mit allen Postämtern und Öffnungszeiten der Ungarischen Post (Magyar Posta) finden Sie unter: www.posta.hu/international_main.

Rauchen und Alkohol

In öffentlichen Gebäuden sowie in Restaurants, Bars und Diskotheken ist **Rauchen** verboten. Auch vor Krankenhäusern, an Haltestellen des öffentlichen Nahverkehrs sowie auf Spielplätzen darf nicht geraucht werden bzw. muss ein Mindestabstand von 5 m eingehalten werden. Städte und Gemeinden dürfen aber noch weitere einschränkende Regelungen erlassen. So darf beispielsweise in Pécs nicht mehr im Radius von 50 m um öffentliche Einrichtungen geraucht werden. Der Tabakhandel ist verstaatlicht, Tabakprodukte dürfen nur in den landesweiten Filialen der Nationalen Tabakläden (»Nemzeti Dohánybolt«) verkauft werden. Hier werden neben Tabakwaren u. a. auch Eis, alkoholische und Erfrischungsgetränke, Kaffee und Zeitungen angeboten. Unter 18 Jahren ist der Zutritt in diese Läden verboten.

Alkohol ist meist in allen Arten von Geschäften erhältlich. Besonders beliebt sind in Ungarn Bier, Wein und Pálinka; es gibt mitunter Bars, die sich auf eines der drei spezialisiert haben. Wer bei Ungarn zu Hause eingeladen ist, darf damit rechnen, auf einen Hausgebrannten vor und/oder nach dem Essen eingeladen zu werden – abzulehnen wäre unhöflich. Am Steuer herrscht hingegen absolutes Alkoholverbot (null Promille).

Sicherheit

Ungarn gilt als sicheres Reiseland. In den Großstädten und Touristenzentren sollte dennoch eher wenig Bargeld mitgeführt werden, es besteht die Gefahr von Auto-, Trick- und Taschendiebstählen. Besonders auf großen öffentlichen Plätzen mit vielen Menschen gilt es, wachsam zu sein. Ansonsten sollten Sie die allgemeinen Reisehinweise des Auswärtigen Amtes beachten.

Sport

Joggen und Freiluft-Fitness

Im ganzen Land gibt es gute Joggingstrecken mit Elementen für Freiluft-Fitness, z. B. auf der Margareteninsel, im Stadtpark und auf dem Berg Normafa in Budapest oder um Seen wie in Velence und Orfű. Eine Karte mit allen Freiluft-Fitnessparks finden Sie unter www.freesportparks.hu/en, eine mit allen Laufstrecken unter www.futoterkep.hu/futasbongeszo.

Radfahren

Ungarn bietet Radfahrern viele tolle **Strecken**. Im gesamten Őrség-Nationalpark, dem Cserehát-Hügelland oder dem Bakony-Gebirge finden sich Gebirgsstrecken für Rennradler und Mountainbiker, während die flachen Strecken um den Balaton, Neusiedler

Eine schöne Radstrecke führt an der Donau entlang, zum Beispiel in Budapest

See, Theiß- und Velencer See ganz entspannt befahren werden können. Immer mehr Kommunen bauen ihre Radwege aus bzw. schließen sich der europäischen Fahrradroute EuroVelo 6 an und stellen kostenlose Broschüren und Karten mit Tourenvorschlägen zur Verfügung.

In fast allen Ferienorten und Städten gibt es **Fahrradvermietungen**, die immer häufiger auch E-Bikes verleihen. Zahlreiche Reiseveranstalter bieten zudem maßgeschneiderte Pakete für Radurlauber an (z. B. www.velotouring.hu, www.radelreisen.de, www.radissimo.de), die schon von Deutschland aus gebucht werden können.

In Ungarn herrscht außerhalb geschlossener Ortschaften und ab 40 km/h Geschwindigkeit **Helmpflicht**; bei schlechtem Wetter muss reflektierende Kleidung getragen werden. Zudem dürfen Radfahrer, selbst wenn die Straße frei ist, nicht zu zweit nebeneinanderfahren.

■ Karte mit Routen unter www.merretekerjek.hu oder www.fahrradreisen.de

Reiten

Ungarn hat eine lange Reittradition, man denke nur an die Husaren. Zu entdecken sind neben weiten Landschaften wie der Puszta auch die anderen Regionen mit ihren Bergen, Tälern und Wiesenlandschaften. In vielen Ferienorten gibt es Reiterhöfe (»lovastanya«), die Unterricht und Tagesausritte anbieten, manchmal auch Komplettpakete inklusive Unterkunft (z. B. www.balotafogado.emitel.hu, www.wagnerpanzio.hu/nindex.htm, www.reithof.hu/de, www.patkotanya.de). Besonders viel Spaß macht das Reiten durch die Naturparks der Südlichen Tiefebene, etwa im Nationalpark Kiskunság.

Schwimmen

Fast alle Hotels und auch viele Ferienhäuser haben Innen- oder Außenpools, zusätzlich verfügen manche Orte über öffentliche Schwimm- und Thermalbäder (Infos bei den Tourismusbüros). Im Hochsommer erwärmt sich der Balaton auf bis zu 23 °C; die zahlreichen Strände laden zum Baden ein. Achten Sie jedoch unbedingt auf die Wetterverhältnisse: Bei Wind sollten nur geübte Schwimmer ins Wasser gehen und Kinder das Wasser meiden. An vielen Naturstränden und Seen gibt es weder Rettungsschwimmer noch Flaggen, die vor Gefahren warnen. Hier müssen Hinweistafeln beachtet werden, die auf tückische Strömungen hinweisen.

Segeln und Surfen

Der etwa 600 km^2 große Balaton ist ein ausgezeichnetes Revier für Segler und Surfer. Der im Durchschnitt nur ca. 3 m tiefe See bietet sehr abwechslungsreiche Wellen- und Windverhältnisse. April, Mai, September und Oktober sind die windreichsten Monate, Juli und August die windschwächeren Monate und auch für Anfänger geeignet. Vor allem in Balatonfüred, -kenese, -almádi, Keszthely und Siófok gibt es Segel-, Surf- und Kitesurf-Schulen, die auch Boote, Bretter und sonstige Ausrüstung verleihen.

Wandern

Ungarns schöne Naturlandschaften durchziehen unzählige Wanderwege verschiedener Levels. Ein fantastisches Panorama auf das Donauknie bietet der Prédikálószék in 640 m Höhe im Visegrád-Gebirge. Der Kalapat-Berg im Bükk-Gebirge (S. 91) eröffnet den Ausblick auf Szilvásvárad, den Bel-kő, das Szalajka-Tal, den Istállós-kő, die Burg Gerenna und weiter entfernt das Mátra-Gebirge. Aber auch die Gipfel des János-hegy in Buda (S. 107), des Pilis-Berges im gleichnamigen Gebirge (S. 112), des Bartina-Gebirges bei Szekszárd (S. 63) oder, für besonders Fitte, der Kékestető im Mátra-Gebirge, der höchste Berg Ungarns (S. 93), können auf ausgeschilderten Wanderwegen erklommen werden.

Weitere Ziele für Wanderer sind die Rám-Schlucht im Pilis-Gebirge (S. 112), das Mecsek-Gebirge (S. 54), der Wildpark Koloska-Tal beim Balaton (S. 37), der Lillafüreder Lehrpfad (S. 90) und die Nationalparks des Landes.

- Tourenplaner unter www.termeszetjaro.hu/de/tourenplaner

Strom und Steckdose

Die Netzspannung beträgt 220 Volt, Adapter sind nicht notwendig. In die Steckdosen passen problemlos übliche Euro- wie auch Schuko-Stecker.

Telefon und Internet

Um Telefonate nach Ungarn zu führen, muss die Ländervorwahl für Ungarn (+36 oder 0036) verwendet werden. Um internationale Telefongespräche zu beginnen, wählen Sie zunächst diese Vorwahl, gefolgt von der nationalen Ortsvorwahl, wobei deren führende 0 weggelassen wird, danach die Rufnummer des Anschlusses ihres Gesprächspartners in Ungarn. Um z. B. die deutsche Botschaft in Budapest aus dem Ausland bzw. mit Ihrem deutschen Handy anzurufen, wählen Sie also +36 bzw. 0036 und dann 1/488 35 00. Falls Sie in Ungarn bei Telefonangaben 06 vorne stehen sehen, ersetzen Sie diese nationale Vorwahl beim Wählen einfach mit +36 bzw. 0036.

Internationale Vorwahlen

- Ungarn 00 36
- Deutschland 00 49
- Österreich 00 43
- Schweiz 00 41

Seit 2017 gibt es innerhalb der EU keine Roaming-Gebühren mehr. Wer also in Ungarn mit dem **Handy** telefonieren, SMS schreiben oder das mobile Internet nutzen möchte, kann dies anbieterübergreifend zu den Konditionen seines Inlandstarifs tun.

Die Dichte der **WLAN-Hotspots** ist gerade in den größeren Städten grundsätzlich hoch. Dort gibt es in vielen Cafés, Restaurants und Kneipen im Zentrum kostenloses WLAN (ungarisch: Wi-Fi), außerdem in Hotels, Einkaufszentren und in den Flughäfen.

Im europäischen Vergleich ist die **Netzabdeckung** in Ungarn gut, die landesweite Abdeckung mit dem leistungsstarken 4G-Mobilfunknetz sogar überdurchschnittlich. In den Bergen oder sehr ländlichen Gebieten kann es trotzdem zu Funkstille kommen.

Trinkgeld

Trinkgeld in Höhe von rund 10–15 % ist in Ungarn besonders in der Gastronomie üblich. Bei der Bestellung an der Theke wird es jedoch nicht erwartet. Auch in Hotels freut sich das Personal über Trinkgeld.

Restaurants dürfen eine Servicegebühr von bis zu 15 % erheben, die dann auf der Rechnung ausgewiesen wird. Die Regel ist das zwar nicht, doch Wachsamkeit schadet nicht, um am Ende nicht doppelt Trinkgeld zu zahlen.

Umgangsformen

Die Umgangsformen in Ungarn sind konservativ, Männer begrüßen sich mit einem kräftigen Händedruck, Frauen werden zuvorkommend behandelt und sollten sich über traditionelles Gentleman-Verhalten wie etwa einen angedeuteten Handkuss oder Vortrittlassen nicht wundern.

Beim **Small Talk** sollte man die kommunistische Vergangenheit, die aktuelle Politik und die Kriminalität in Osteuropa eher meiden. Stattdessen darf man den Ungarn gerne Anerkennung dafür bekunden, dass das Land seinerzeit vielen DDR-Bürgern bei der Ausreise oder Flucht in den Westen half.

FKK hat auch in Ungarn viele Anhänger, ist aber an den normalen Stränden verboten. Einer der berühmtesten FKK-Strände in Ungarn ist der Balatonberény-Strand am Ufer des Plattensees, der seit 1987 in Betrieb und der größte seiner Art in Europa ist.

Unterkunft und Hotels

Ungarn bietet Unterkünfte für jeden Geschmack und jedes Budget. Sehr gefragt sind Ferienhäuser und Privatunterkünfte. Es gibt sie von einfach bis luxuriös, oft mit Verpflegung oder auch für Selbstversorger. Empfehlenswerte Adressen finden Sie im vorderen Teil des Buches auf S. 32, S. 46, S. 64, S. 80, S. 96 und S. 122.

Pro Gast und Tag müssen je nach Kategorie der Unterkunft und Jahreszeit umgerechnet ca. 0,50 bis 1,50 € **Touristensteuer** abgeführt werden. Bezahlt wird meist schon bei der Ankunft an der Hotelrezeption.

Wildes **Campen** ist in Ungarn streng verboten. Offizielle Campingplätze werden u.a. unter www.pincamp.de und www.adacreisen.de vorgestellt.

Verkehrsmittel im Land

Taxi

In fast allen Städten Ungarns stehen Taxis zur Verfügung. In Budapest ist deren Betrieb streng geregelt, alle registrierten Taxis müssen dieselben Farben und Tarife (700 HUF Grundgebühr, 300 HUF/km, Standgebühr 75 HUF/Min.) haben. Große Anbieter in der Hauptstadt sind z. B. Budapest Taxi (+361/777 77 77), Főtaxi (+361/222 22 22) und City Taxi (+361/211 11 11). Achten Sie darauf, dass das Taxameter eingeschaltet ist und weisen Sie den Fahrer notfalls darauf hin.

Bus und Bahn

Das Netz der öffentlichen Verkehrsmittel ist vor allem in den Städten gut ausgebaut. Daneben verbinden Züge (www.mavcsoport.hu/de) und Fernbusse (www.volanbusz.hu/en) viele Ortschaften des Landes gut und günstig miteinander.

Schiff

Auf der **Donau** sind viele Ausflugsboote unterwegs. Beliebte Strecken sind etwa von Budapest bis zum Donauknie oder von Budapest bis Mohács. Zu den großen Anbietern in Budapest zählen Silverline Cruises (www.silver-line.hu/de), Mahart Passnave (www.mahartpassnave.hu/en) sowie Riverride (www.riverride.de) mit ihrem »Schwimmenden Bus«. Auch die Budapester Verkehrsbetriebe BKV betreiben Bootsfahrten auf der Donau (www.bkv.hu/en/special_services) – für Inhaber von (Mehr-)Tagestickets und Monatskarten sind diese werktags kostenlos.

Der wichtigste Anbieter für Fahrten auf dem **Balaton** ist die Balatoni Hajózási Zrt. (www.balatonihajozas.hu), die auch Autofähren betreibt.

Mietwagen und Carsharing

Mietwagen in Ungarn sind relativ günstig. Dennoch lohnt sich insbesondere in der Hauptsaison ein **Vergleich** der Anbieter, Preise und inbegriffenen Leistungen. Für die Sommerferien sollte man bereits online von zu Hause aus reservieren (Spartipp: Viele Verleiher bieten Frühbucherrabatte). Achten Sie bei der Auswahl auch auf Lage und Öffnungszeiten der Abholstation, denn nicht jeder Anbieter verfügt über Stellplätze am Flughafen oder an ähnlich frequentierten Plätzen. Kunden werden in diesen Fällen mit einem Shuttle zum abseits gelegenen Fahrzeugdepot befördert. Hier muss das Fahrzeug meist auch wieder abgegeben werden. Will man das außerhalb der Öffnungszeiten tun, können zusätzliche Gebühren anfallen und der Shuttleservice ist nicht immer gewährleistet. Für Mitglieder bietet die **ADAC Autovermietung** günstige Konditionen an. Buchungen über adac.de/autovermietung, die ADAC Geschäftsstellen oder unter Tel. 089/76 76 20 99.

Wer in Ungarn ein Auto mieten möchte, benötigt einen nationalen Führerschein und muss bei den meisten Anbietern mindestens 21 Jahre alt sein.

In der verkehrsreichen Hauptsaison empfiehlt sich eine **Vollkaskoversicherung** ohne Selbstbeteiligung, denn auf den Straßen, die in weniger gutem Zustand sind, kann es schnell zu Kratzern und Dellen kommen. Achten Sie zudem auf eine hohe Deckungssumme der angebotenen Haftpflichtversicherung (mindestens 1 Mio. €).

Carsharing wird auch in Ungarn immer beliebter. In Budapest gibt es u.a. die Anbieter: Avalon Car(e)sharing (www.carsharing.hu), DriveNow (www.drivenow.hu), GreenGo (www.greengo.com) und MOL LIMO (www.mollimo.hu). Nach der Registrierung kann man über die App des Anbieters das nächstgelegene Auto suchen. Die Kosten berechnen sich aus der Registrierungsgebühr (je nach Anbieter 4900–9900 HUF) und den Mietkosten (65–99 HUF/Min.).

Fahrrad, Segway und Co.

Fahrradverleihe sind in Ungarn weit verbreitet, von großen städtischen Anbietern (Mol BuBi, BudapestBike) bis hin zu kleineren lokalen. In größeren Städten gibt es auch Anbieter von Segways (z.B. Segway Tours Budapest, Budapest GetSegway oder Eco Segway Budapest), Elektroscootern (z.B. Lime, E-Magine Tours oder Scooter Budapest) bzw. auch Fahrrad- oder Autorikschas. Beliebt sind auch die »Bringóhintó« genannten Fahrradwagen des gleichnamigen Anbieters mit Platz für (je nach Modell) zwei bis sechs Erwachsene und zwei Kleinkinder, die u.a. auf der Margareteninsel in Budapest und in Visegrád ausgeliehen werden können.

Zollbestimmungen

Waren für den Eigenbedarf dürfen innerhalb der EU frei mitgeführt werden, z.B. 10 l Spirituosen, 110 l Bier und 800 Zigaretten. Ausnahme: Bei der Einreise aus Ungarn nach Deutschland sind Zigaretten nur bis zu einer Menge von 300 Stück steuerfrei, solange Ungarn die EU-weiten Mindeststeuersätze nicht einhält. Weitere Infos auf www.zoll.de, www.bmf.gv.at und www.ezv.admin.ch.

Die Geschichte Ungarns

896 Die Ungarn erreichen aus Richtung Ural das Karpatenbecken. Ihre Niederlassung wird »Landnahme« genannt.

997–1000 Der heidnische Stammesfürst Vajk heiratet die bayerische Prinzessin Gisela und wird im Jahr 1000 als Stephan I. zum ersten König Ungarns gekrönt. Dies gilt als Staatsgründung des christlichen Ungarns.

1526 Ungarn erleidet bei Mohács eine verheerende Niederlage gegen die Osmanen, Teile des Landes werden bis 1699 besetzt.

1687 Nach dem Sieg der Habsburger über die Osmanen wird der neunjährige Erzherzog Joseph zum König von Ungarn gekrönt.

1848–49 Am 15. März beginnt nach Massendemonstrationen gegen die Habsburger in Pest und Buda der Sieg der ungarischen Revolution in Budapest. Der Aufstand wird jedoch im August 1849 mithilfe russischer Truppen blutig niedergeschlagen.

1867 Es kommt zum »Ausgleich« mit Österreich: Ungarn erhält innerhalb der Österreichisch-Ungarischen Monarchie weitgehende Autonomie.

1920 Nach der Niederlage im Ersten Weltkrieg verliert Ungarn durch den Vertrag von Trianon zwei Drittel seines Staatsgebietes.

1939–44 Um die verlorenen Landesteile wiederzuerlangen, verbündet sich Ungarn mit Nazi-Deutschland. Im Oktober 1944 will Reichsverweser Miklós Horthy die deutschen Verbündeten entwaffnen und mit der Sowjetunion einen Waffenstillstand schließen. Das NS-Regime besetzt Ungarn und installiert eine faschistische Regierung.

1949 Nach der Befreiung Ungarns durch die Sowjetunion wird ein kommunistisches Regime errichtet.

1956 Am 23. Oktober kommt es zum Volksaufstand, der mithilfe sowjetischer Truppen nach drei Wochen brutal niedergeschlagen wird.

1970–75 Die ersten Touristen aus Westeuropa kommen nach Ungarn.

1988 Mit der Bildung erster Oppositionsgruppen beginnt der friedliche Systemwechsel.

1989 Ungarn öffnet seine Grenze zu Österreich für DDR-Flüchtlinge und baut den »Eisernen Vorhangs« ab. Am 23. Oktober wird die Demokratische Republik Ungarn ausgerufen.

1. Mai 2004 Ungarn wird EU-Mitglied.

Seit 2010 Premier Viktor Orbán regiert mit seiner rechtskonservativen Fidesz-Partei mit einer Zweidrittelmehrheit.

2019 Bei den landesweiten Kommunalwahlen erzielt die Opposition einen Durchbruch und stellt fortan u.a. in Budapest den Bürgermeister.

In der Revolution 1848/49 kämpfte die ungarische Landwehr (»Honvéd«) gegen die Herrschaft der Habsburger

Ungarisch für die Reise

Das Wichtigste in Kürze

Ja/Nein	*Igen/Nem*
Bitte/Danke	*Kérem/Köszönöm*
Hallo!/Auf Wiedersehen!	*Szia!/Viszontlátásra!*
Guten Morgen!/ Guten Tag!	*Jó reggelt!/Jó napot!*
Guten Abend!/ Gute Nacht!	*Jó estét!/Jó éjszakát!*
Mein Name ist ...	*A nevem ...*
Entschuldigung!	*Bocsánat!*
Achtung!/Vorsicht!	*Figyelem!/Vigyázat!*
Ich verstehe Sie nicht.	*Nem értem magát.*
Wie viel kostet das?	*Mennyibe kerül?*
Damen-/Herren-WC	*női/férfi mosdó*
geöffnet/geschlossen	*nyitva/zárva*
gestern/heute/ morgen	*tegnap/ma/holnap*
Wie viel Uhr ist es?	*Hány óra van?*
Wo ist ...?	*Hol van ...?*
Wie weit ist ...?	*Milyen messze van ...?*
Ist das der Weg nach ...?	*Ez az út ... felé?*
Nord/Süd/West/Ost	*észak/dél/nyugat/kelet*
Ich möchte ...	*Szeretnék ...*
Die Rechnung, bitte!	*Kérem a számlát!*
Restaurant	*étterem*
Auto	*autó*
Tankstelle	*benzinkút*
Benzin (bleifrei)/ Super/Diesel	*benzin (ólommentes)/ szuper/dízel*
Ich habe eine Panne.	*Lerobbant az autóm.*
Hilfe!	*Segítség!*
Fahrrad	*bicikli/kerékpár*
Bahnhof	*pályaudvar*
Busbahnhof	*buszpályaudvar*
Flughafen	*repülőtér*
Reisepass	*útlevél*
Bank/Geldautomat	*bank/ATM*
Arzt	*orvos*
Apotheke	*gyógyszertár/patika*
Lebensmittelgeschäft	*élelmiszerbolt*
Tourismusbüro	*idegenforgalmi iroda*

Wochentage

Montag/Dienstag	*hétfő/kedd*
Mittwoch	*szerda*
Donnerstag	*csütörtök*
Freitag/Samstag	*péntek/szombat*
Sonntag	*vasárnap*

Monate

Januar/Februar	*január/február*
März/April	*március/április*
Mai/Juni	*május/június*
Juli/August	*július/augusztus*
September/Oktober	*szeptember/október*
November/Dezember	*november/december*

Zahlen

1	*egy*	8	*nyolc*
2	*kettő*	9	*kilenc*
3	*három*	10	*tíz*
4	*négy*	11	*tizenegy*
5	*öt*	12	*tizenkettő*
6	*hat*	100	*száz*
7	*hét*	1000	*ezer*

Hinweise zur Aussprache

a	dunkler, geschlossener Laut, zwischen dem deutschen a und o
á	langes a
c	z
cs	tsch
e	wie ein kurzes, offenes e in Ärger
é	langes e
gy	dj
í	langes i
ly	j
ny, nj	wie in Cognac
ó	langes o (ő: langes ö)
s	sch
sz	ß
ty	tj
ú	langes u (ű: langes ü)
v	w
z	stimmhaftes s wie in Rose
zs	j wie in Journal

Alle Blickpunkt-Themen in diesem Band:

Register

Bildnachweis

Titel: Ansicht von Sopron, Westungarn
Foto: **mauritius Images** (John Warburton-Lee)
Rücktitel: links: **Shutterstock.com** (MarinaDa); rechts: **Shutterstock.com** (Creaturart Images)

Bildagentur Huber: R. Schmid 14/15, 35.1, 35.3; K. Kreder 43 – **bpk:** 136 – **getty Images:** AFP 71 – **Hotel Gokart:** 81 – **imago images:** Chromorange 17.1; GFC Collection 24; stock&people 79 – **mauritius images:** Photononstop 11.1; J. Warburton-Lee 11.2, 20, 56/57; J. Gilbert/Alamy 13.3; Chromorange 26, 51; A. Yakovleva/Alamy 53; volkerpreusser/Alamy 29; Andfoto/Alamy 126; F. Walter/imageBROKER 131; age fotostock 144.1 – **Nomád Hotel & Glamping:** 97 – **Restaurant Vogue:** 123 – **seasons.agency:** Jalag/G. Hänel 6.3, 12.2, 108; GourmetPictureGuide 99.2 – **Shutterstock.com:** M. Ivashchenko 2.1; Spectral-Design 2.2; B. Horvath 4/5; imageBROKER.com 5.2; Andocs 6.2, 9, 83.1, 84, 119; Izabela23 7; andras_csontos 8/9, 10.2, 35.2; P. Zoltan 10.1; GoneWithTheWind 12.3; R. Semik 13.1; Y. Georgieva 13.2; tokar 19; I. Csak 30, 61; berni0004 36, 95; pgaborphotos 38; vidalgo 44; Creaturart Images 49.1; belizar 63; M. Mosinski 67.2; skovalsky 67.4, 83.2, 93; G. Barkanyi 86/87; MarinaDa 99.3; Noppasin Wongchum 105; DiegoMariottini 107; Bajo Rogan Photography 116; Guy RD 144.2 – **stock.adobe.com:** B. Stroujko 23; mik ivan 73; Z. Biczó 76/77; bartoshd 90; Noppasinw 100/101; Z. Galantai 112; weise_maxim 115

Umwelthinweis
Dieses Buch ist auf PEFC-zertifiziertem Papier aus nachhaltiger Waldwirtschaft gedruckt.

PEFC
PEFC/32-31-076

Zum Zeitpunkt der Drucklegung waren die Auswirkungen von Covid-19 auf das Hotel- und Gastgewerbe vor Ort noch nicht vollständig abzusehen. Bitte informieren Sie sich über die jeweiligen Internetadressen.

Herausgeber: GRÄFE UND UNZER VERLAG GmbH, Postfach 86 03 66, 81630 München
Leitender Redakteur: Benjamin Happel
Autoren: Daniel Hirsch, Lisa Erzsa Weil
Verlagsredaktion: Gernot Schnedlitz (verantw.), Silke Tauscher, Nadia Terbrack
Redaktion und Satz: Jessika Zollickhofer, Thomas Rach, www.bintang-berlin.de
Bildredaktion: Dr. Nafsika Mylona
Reihengestaltung: Eva Stadler, München; Independent Medien Design, Horst Moser, München
Kartografie: Huber Kartographie GmbH, www.kartographie.de
Herstellung: Mendy Willerich
Druck + Bindung: Drukarnia Dimograf Sp z o.o. (Polen)

Ansprechpartner für den Anzeigenverkauf:
KV Kommunalverlag GmbH & Co. KG, MediaCenter München,
Tel. 089/928 09 60

Bei Interesse an maßgeschneiderten B2B-Produkten:
roswitha.riedel@graefe-und-unzer.de

GRÄFE UND UNZER

Ein Unternehmen der
GANSKE VERLAGSGRUPPE

ISBN 978-3-95689-516-6
1. Auflage 2021

LESERSERVICE
adac@graefe-und-unzer.de
Tel. 00800/72 37 33 33 (gebührenfrei in D, A, CH)
Mo–Do: 9–17 Uhr, Fr: 9–16 Uhr

Aus Gründen der besseren Lesbarkeit wird in diesem Buch bei Personenbezeichnungen das generische Maskulinum verwendet. Es gilt gleichermaßen für alle Geschlechter.